《人力资源管理评论》学术委员会

人力资源管理评论

Human Resource Management Review

2017 年
第 2 辑

2017
Vol. 2

目 录

Contents

"急性子"促进工作吗？
——A 型人格对工作绩效关系研究

杜　旌　裘依伊

（武汉大学经济与管理学院，武汉　430072）

［摘　要］人格特质是工作绩效的重要影响因素。本文对 A 型人格的构念进行梳理，讨论了 A 型人格和大五人格的区别与联系，探讨了控制大五人格之后 A 型人格对工作绩效的直接作用和情景调节作用：竞争性成就和时间紧迫感是 A 型人格的核心特征，直接促进个体工作绩效，且正向调节员工认知能力、情感承诺对工作绩效的积极作用。研究加深了对 A 型人格的理解，为管理实践提供了有益启示。

［关键词］A 型人格；工作绩效；认知能力；情感承诺

一、引　言

工作绩效是组织行为学领域永远的焦点（Barrick 和 Mount，1991；Barling 和 Boswel，2010；Judge 和 Zapata；2015）。学者们普遍认为，人格特质是影响工作绩效的重要因素。学者们主要关注了大五人格（The Big Five）对工作绩效的影响，发现尽责性是大五人格中最重要的预测工作绩效的维度，对于不同类别工作的绩效表现均有预测作用（Barrick 和 Mount，1991）。Judge 和 Zapata（2015）更为具体的探究发现，特定的大五人格维度能够对具体的工作能力做出预测，且在工作过程约束较少时，人格特质对工作绩效的预测作用强于情景。

通过对冠心病患者的长期观察，Freidman 和 Rosenman（1959）发现具备某种行为特征的个体更具患冠心病的倾向，他们将这种行为模式称为 A 型行为模式（Type A Behavior Pattern，TABP），后人也称为 A 型人格。A 型行为模式是与冠心病相关的一系列行为的集合，Freidman 和 Rosenman（1959）认为，A 型个体具有争强好胜、追求成功、常有时间紧迫感、急躁、缺乏耐性等"急性子"特征，没有发现这些相关特征的个体则称为 B 型。他们将 A 型行为模式视为一种可以在任何人身上都观察到的行为与情绪的复杂联结，A 型个体为了在尽可能少的时间中达成更多成就而不断奋斗，并且如果有需要的话，会努力和其他人或事物相抗争（Freidman 和 Rosenman，1974）。

A 型人格并没有像大五人格一样，在工作绩效研究中引起较多重视，其中可能的原因是 A 型人格的研究更多集中在健康领域。A 型主要的两个核心维度是竞争性成就、时间紧迫感（Spence、Helmreich 和 Pred，1987；Glass，1977；Jerry，2007），其日常表现为不拖沓，甚至是"急性子"。这些特质对个体的绩效产出有潜在的作用，但以往研究大多集中在大五人格。A 型人格作为人格特质分类的一种方式，和大五人格中的神经质和外向性有联系。但是从生理学基础角度来看，A

［基金项目］本文受国家自然科学基金项目（71172202、71572135）资助。

［作者简介］杜旌，男，河南洛阳人，教授，博士，研究方向为组织变革与创新，电子邮箱：jdu@whu.edu.cn。裘依伊，女，浙江绍兴人，硕士研究生，研究方向为人力资源管理。

型主要与心血管有关（Jerry，2007），而大五人格和大脑区域相关（Sobanski、Wagner 和 Peikert，2010），两者有显著的差异。在大五人格之外，A 型人格对个体绩效产出也存在潜在的积极作用。A 型人格的竞争性维度就让个体对工作更加重视，并且更努力地投入到工作中（Bluen、Barling 和 Burns，1990）。时间紧迫感则更适应当代快节奏的社会，能给上级留下更积极的印象，从而优化上级对其工作绩效的评价。基于此，我们认为 A 型人格的竞争性成就和时间紧迫感在大五人格外有潜在贡献，对员工工作绩效有帮助。

A 型人格也是个体工作绩效的催化剂。影响工作绩效的个体因素有能力和态度。能力方面，认知能力通过影响个体的工作技能、自我效能感、目标等方式影响个体的工作绩效（Hunter 和 Hunter，1984）。A 型人格的时间紧迫感和竞争性成就促使个体在工作中快速投入，专注于当前任务且付出更多努力，故而 A 型人格扩大了高认知能力带来的优势（Friedman 和 Rosenman，1974；Kelly 和 Houston，1985；Bermúdez、Pérez-Garcia 和 Sánchez-Elvira，1990）。员工的工作态度方面，情感承诺决定了个体为组织牺牲和奉献的意愿，从而对个体工作绩效造成影响（Riketta，2002）。A 型人格作为个体内在的、稳定的行为倾向，会影响个体为组织奉献时的行为倾向，帮助个体更快、更好地为组织奉献。

总的来说，我们认为在控制了大五人格后，“急性子”A 型人格的竞争性成就、时间紧迫感与工作绩效间有潜在正向关系。同时，竞争性成就和时间紧迫感作为情景变量正向调节认知能力、情感承诺和工作绩效的正向关系，具体模型如图 1 所示。我们将首先梳理现有研究关于 A 型人格的内涵结构，而后从直接作用和催化作用多个角度来阐述 A 型人格特质对工作绩效的促进作用。

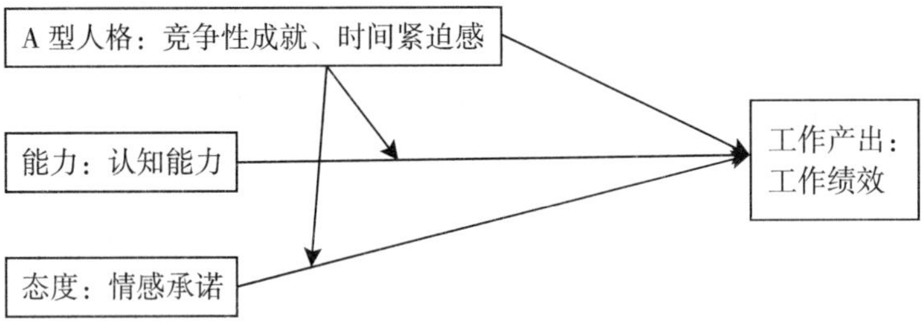

图 1　研究模型

二、A 型人格

Freidman 和 Rosenman 作为医学领域研究者，主要关注了冠心病患者的行为表现，这种个体内在的、稳定的行为倾向和心理机制，本质上是一种人格特质。这种人格特质分类也吸引了人格心理学家的关注，众多学者对 A 型个体的内在机制进行了探究。Jenkins、Zyzanski 和 Rosenman（1979）描述了 A 型行为的三个方面，并开发了 JAS 量表（the Jenkins Activity Survey）：速度和不耐烦（Speed and Impatience）、精力充沛和竞争性（Hard-driving and Competitiveness）、工作投入（Job Involvement）。虽然 A 型个体在工作中普遍有积极的工作投入，但工作投入可能只是 A 型人格其他维度所导致的外在行为表现，而并非其本质内涵。其后，Spence、Helmreich 和 Pred（1987）在 JAS 量表的基础上发展了 A 型人格的二维结构。他们认为 A 型人格由两个维度构成，分别是竞争性成就（Achievement-strivings）和急躁易怒（Impatience-Irritability）。竞争性成就个体有在每件事情上都要做得最好的需求，而急躁易怒个体表现为想在最少的时间内完成尽量多的事情，并且常常是以敌对或者愤怒的状态。Bluen、Barling 和 Burns（1990）运用验证性因子分析检验了 A 型人格二维模型的结构效度，其结果表明，竞争性成就和急躁易怒确实是 A 型人格的两个维度。在此基础上，众多学者通过实证研究检验了 A 型人格的两个维度对于绩效和健康的不同影响。Bluen、Barling 和 Burns（1990）明确了竞争性成就和急躁易怒是两个不同的维度，但是并未关注急躁和易怒之间的联系和区别。易怒可能是急躁的外在表现，也有可能有独立的成分。个体对于外界的易怒不仅来源于其内在的时间紧迫感和竞争性成就，也有可能是由于个体感受到了他人的侵犯，如一些打破社会规则的行为。

上述关于急躁与易怒可能是多个不同维度的推断，与进一步的研究结果相吻合，Glass（1977）认为 A 型主要包含竞争性成就、时间紧迫感（Time Urgency）和敌意（Hostility）三个成分。竞争性成就表现为 A 型个体比 B 型个体有更强的获得成就的竞争性，他们将获得成功看得非常重要，并且难以忍受失败。A 型个体对于成就的追求表现在他们在任何事情上都想要做得最好。时间紧迫感表现为 A 型个体比 B 型个体有更强的时间敏感性，他们难以忍受等待和时间浪费，会在尽可能少的时间中安排更多的事情，并且急切地投入工作中。敌意表现为 A 型个体面对挫折情景时，更容易有愤怒和敌意的反应（Bettencourt、Tallye、Benjamin 和 Valentine，2006），研究发现敌意是心脏病的重要预测因素（Bunde 和 Suls，2006）。如表 1 所示，A 型人格中的敌意这一维度，究竟是不是一个独立的维度尚不清晰。关于敌意的研究更多集中在健康领域，目前研究没法发现敌意与工作绩效之间的显著关系（Barling 和 Charbonneau，1992；Spence、Helmreich 和 Pred，1987；Spence、Helmreich 和 Pred，1989）。敌意是否与急躁的维度重合，甚至是否还对竞争性成就有影响，还需要未来研究进一步探索。考虑到敌意作为 A 型人格中的“有毒”成分毫无疑问对个体有更多消极作用，且该内涵仍需更仔细探讨，本文就只关注 A 型人格竞争性成就和时间紧迫感两个维度。

总的来说，A 型人格的内涵结构有多种研究结论，如表 1 所示。目前，学者们普遍认可 A 型人格是一个多维变量，包含竞争性成就、时间急迫感、敌意易怒等，同一个体在这些维度上会有不同的表现，并不是有相同的行为倾向。A 型个体的一个典型特征是“急性子”，他们吃饭快、走路快、干活利索，在事业上追求成功、在工作上积极进取。我们认为 A 型人格中的竞争性成就和时间紧迫感均会对工作绩效造成影响。

表 1　A 型人格维度

A 型维度	具体维度	部分研究者
一维结构	General A	Freidman 和 Rosenman，1959； Freidman 和 Rosenman，1974
二维结构	● 竞争性成就（Achievement-strivings） ● 急躁易怒（Impatience-Irritability）	Spence、Helmreich 和 Pred，1987；Bluen、Barling 和 Burns，1990
三维结构	JAS 量表（the Jenkins Activity Survey） ● 速度和不耐烦（Speed and Impatience） ● 精力充沛和竞争性（Hard-driving and Competitiveness） ● 工作投入（Job Involvement）	Jenkins、Zyzanski 和 Rosenman，1979
	● 竞争性成就（Achievement-strivings） ● 时间紧迫感（Time Urgency） ● 敌意（Hostility）	Glass，1977；Jerry，2007

三、A 型人格与大五人格及其对绩效的影响

A 型人格作为描述人格特质的一种方式，和大五人格之间既有联系也有区别。现有研究普遍认为，A 型人格和大五人格的特定维度有一定的联系。Smith、Follick 和 Korr（1984）发现，A 型人格与神经质均与个体感知到的心绞痛所造成的干扰相关。May 和 Kline（1987）对 135 名男性军

事人员的调查显示，A 型人格中的时间紧迫感和大五人格中的神经质维度正相关，而竞争性成就在和神经质负相关的同时，和大五人格中的外向性维度有正向关系。Cramer（1991）对更广泛的人群进行了调查，其结果显示 A 型人格与神经质、外向性均呈现正向关系。虽然 A 型人格被证明与大五人格中的神经质、外向性维度有联系，但是 A 型人格并不能被这些维度所包含。A 型人格与大五人格在内在作用机制上有显著的差异，二者并不能相互替代。A 型人格中的敌意成分与心血管疾病有关联，其可能的原因主要包括免疫机能低下、缺乏健康的生活方式、高血压、高血脂、身体炎症等（Jerry，2007）。而大五人格和不同的大脑区域相关联，大脑某些区域的变化将对人格特质有显著影响。Kühn、Schubert 和 Gallinat（2011）发现个体神经质与其前额叶皮质的活动相关。也有研究发现，神经质与大脑中杏仁核、岛叶、前扣带回活动有关（Sobanski、Wagner 和 Peikert，2010）。同时，外向性与腹正中眶额叶皮质体积呈正相关（Deng Young 等，2010）。A 型与大五人格虽然有联系，但是二者之间所包含的成分并不相同。作为更加适合工作场所的人格测量，我们认为在控制大五人格后，A 型人格对个体工作绩效有潜在的影响。

控制了大五人格后，A 型人格如何影响工作绩效呢？大五人格对绩效的作用体现为敬业，而 A 型人格体现在两个方面：首先，竞争性成就和时间紧迫感对工作绩效有直接的促进作用。一项来自印度银行业的数据表明，绝大多数银行业管理者都有典型的 A 型行为，且其中表现优异者具有更加明显的 A 型特征（Kunnanatt，2003）。对于 A 型人格的整体研究也发现，A 型个体在压力工作下会更关注当前任务，忽略其他外界信息（Bermúdez、Pérez-Garcia 和 Sánchez-Elvira，1990）。对于竞争性成就对工作绩效的促进作用，众多学者已经达成普遍共识。Spence、Helmreich 和 Pred（1987）发现竞争性成就与大学生 GPA 有显著正向关系。进一步的研究发现，竞争性成就和学生 GPA 之间的关系随着时间变化依然稳定，并且竞争性成就能够预测学生是否能够顺利取得本科学位（Spence、Helmreich 和 Pred，1989）。其后，Barling 和 Charbonneau（1992）的研究表明，竞争性成就不仅能够预测学生的 GPA，也能够预测其在特定任务上的表现。也有研究发现了竞争性成就与工作满意度、工作绩效的正向关系（Bluen、Barling 和 Burns，1990；Helmreich、Spence 和 Pred，1988）。因此，我们认为竞争性成就能促进个体工作绩效。

其次，A 型人格的时间紧迫感通过无意识的印象管理影响个体工作绩效。印象管理是利用行为去控制和管理个体与他人之间的信息沟通，旨在建立、维持或精炼个体在他人心目中的形象（Baumeister，1982）。印象管理并不一定是一种欺骗性或防御性行为，个体的印象管理行为受个体已经形成的处事风格影响，其在进行印象管理活动时并非一定是有意识地要达成某种目的，也可能是无意识的（刘娟娟，2006）。A 型个体在工作中带有强烈的个人风格，会在无意识中影响上级的印象构建。A 型个体具有强烈的时间紧迫感（Friedman 和 Rosenman，1974；Rosenman，1978），会给自己更多的时间压力，在工作中充满激情。相较于 B 型个体，A 型个体在接受到任务后会更快地采取行动。研究表明，A 型学生比 B 型学生更早报名做实验室志愿者，并且 A 型个体会更早地来到现场（Gastorf，1980；Strube，1982）。A 型个体倾向于在最短的时间内完成最多的任务；反之，B 型悠闲自在。在节奏紧凑的当代社会，相较于 B 型个体轻松的状态，A 型个体展现出的紧迫感和效率更加符合社会要求，将会给上级留下深刻的积极印象。Bolino 等（2006）研究发现，以上级为中心的印象管理策略与工作绩效的总体评价正相关。即上级对个体的印象影响其对个体工作绩效的认知，当上级对个体有较好的印象时，上级倾向于认为其有更好的绩效。上级对个体的印象也是工作绩效的一部分。个体的 A 型倾向较强时，其追求高效的处世风格也更加强烈，个体展现出积极的工作状态，上级将更能捕捉到个体对于工作的贡献，因而 A 型个体的时间紧迫感促进个体工作绩效。反之，个体的 B 型倾向较强，其在工作中表现得不紧不慢，难以给上级留下积极正面的印象，其在工作中所做出的贡献受到上级印象的影响有所削弱。基于此，我们认为 A 型人格中的竞争性成就和时间紧迫感对工作绩效有潜在的促进作用。

命题一：在控制大五人格后，A 型人格中的竞争性成就和时间紧迫感仍对员工工作绩效有显著正向作用。

四、A 型人格对认知能力与绩效关系的调节作用

对工作绩效的探究不能忽视个体内在差异的影响，我们认为个体 A 型人格的差异性对认知能力与工作绩效之间的关系造成了影响，即 A 型人格对认知能力与工作绩效关系具有调节作用。A 型人格正向调节认知能力与工作绩效之间的关系，相较于 B 型个体，在 A 型个体中，认知能力对工作绩效有更显著的促进作用。认知能力是指个体在面对新知识时，获取、编码、解码、合并、比较、使用信息的能力（Humphreys，1979）。Anderson（1985）认为，认知能力影响个体面对陈述性知识时的信息处理过程。相较于低认知能力个体，高认知能力个体在面对新知识时能够更加快速地对信息进行处理，对新知识有更好的掌控力。众多学者对认知能力与工作绩效之间的关系进行了探究。现有研究普遍认为，认知能力是工作绩效的一个重要预测因素（Hunter 和 Hunter，1984）。

高认知能力个体更易掌握工作相关的知识技能，有更高的任务熟练度，会在工作中更有效率（Borman、White、Pulakos 和 Oppler，1991）。Bandura（1997）通过研究发现，高认知能力的个体更易在工作中获得积极的体验，故而有更高的自我效能感。个体的自我效能感越高，越有可能参与到工作任务中并坚持在任务中付出努力，更有可能获得成功（Stajkovic 和 Luthans，1998）。因此，认知能力可以通过自我效能感影响工作绩效（Phillips 和 Gully，1997）。也有研究认为，高认知能力个体对自身能力更自信，会在工作中设立更加远大的目标，从而有更好的绩效表现（Phillips 和 Gully，1997；李艾丽莎和张庆林，2006）。不论从何种角度对认知能力和工作绩效之间的关系进行探究，对于二者之间的正向效应，学者们形成了较为统一的观点。

对于认知能力的运用是认知能力和工作绩效关系中的关键环节。A 型人格作为稳定的人格特质影响了个体的认知能力使用过程，从而影响认知能力与工作绩效之间的关系。高认知能力只有付出努力，掌握工作所需要的技能和知识，才能获得更好的绩效（Oakes 等，2001）。Phillips 和 Gully（1997）也认为，个体的成就需求会影响认知能力和工作绩效之间的关系，因为高成就需求个体常有高标准和高追求，从而会在工作中付出更多努力。我们可以认为，即便个体拥有高认知能力，若个体在工作中较少使用认知能力，认知能力对工作绩效的作用也将难以得到发挥。

A 型人格描述了个体间的人格差异，是个体内在的关于情境知觉和行为倾向的心理构成，具有跨情景的一致性和稳定性（Allport，1937）。作为个体内在的、独特的、区别于他人的重要特性，A 型人格影响个体对人、对己、对事物甚至对环境的反应方式（唐小飞、钟帅和郑杰，2011），这种影响渗透在个体的工作活动中。追求成功的 A 型个体将工作放在更重要的位置，他们在工作中会更加积极进取、付出努力（Bluen、Barling 和 Burns，1990）。A 型个体更加具有雄心壮志，往往会给自己设定更高的目标（Warda 和 Eisler，1987），因此他们将较多的时间和精力花费在工作上。研究发现，相较于 B 型个体，A 型个体会完成更大量的工作（Keenan 和 Mcbain，1979），并且他们对于加班的接受度更高（Kelly 和 Houston ，1985）。

A 型个体具有强烈的时间紧迫感，会在更少的时间内完成更多的事情。相较于 B 型个体，这种“急性子”的特征让 A 型个体在同样的工作时间内更多地运用认知能力。当高认知能力个体有更高的工作目标，为工作付出更多时间和努力，在工作时间保持高效投入的状态时，高认知能力的优势获得进一步稳固，个体将能获得好的绩效。反之，在 B 型人格下，个体在工作中较少感受到压力，不会为了达成成就而努力工作，在工作时也不紧不慢，高认知能力个体将较少运用自身认知能力，难以习得工作技能，更少获得工作机会，其优势无法得到发挥，认知能力对工作绩效

的正向关系将会被削弱。

总体来说，A 型个体“急性子”和竞争性成就的特征让个体在工作中更多地使用其认知能力，扩大了高认知能力带来的优势。基于此，我们认为 A 型人格正向调节认知能力和工作绩效之间的正向关系。

命题二：A 型竞争性成就和时间紧迫感正向调节认知能力对员工工作绩效的影响：相较于低竞争性成就和时间紧迫感，在高竞争性成就和时间紧迫感个体特征下，认知能力对个体工作绩效有更强的正向作用。

五、A 型人格对情感承诺与绩效关系的调节作用

情感承诺（Affective Commitment）是组织承诺（Organizational Commitment）的一个维度，指组织成员被卷入组织、参与组织社会交往、认同组织的程度（Allen 和 Meyer，1990）。情感承诺代表了个人对某一特定组织的情感，是一种肯定性的心理倾向（刘小平，1999）。情感承诺是个体对自身和组织关系的一种判断，高情感承诺的个体基于自身对组织的深厚感情，愿意为组织奉献并且努力工作，而低情感承诺的个体对组织缺乏认同和参与。情感承诺是一种基于社会交换关系的互惠原则，员工因为感受到情感而选择回报组织（胡卫鹏和时勘，2004）。基于此，情感承诺可以被认为是个体基于众多因素的影响，对组织和个体之间的情感做出评估，从而选择是否应当为组织做出奉献。

关于情感承诺对工作绩效的促进作用，学术界已经形成了较为统一的共识。Meyer 等（1989）学者关注了情感承诺和继续承诺对工作满意度和绩效的影响，其结果表明情感承诺和工作满意度、绩效均有正向关系，而继续承诺与工作绩效负相关。Riketta 和 Landerer（2002）探究了情感承诺和角色内绩效之间的关系，发现情感承诺和角色内绩效有显著正向关系，并且这种关系在低责任制下表现得更加明显。一项情感承诺和工作绩效之间的元分析显示，情感承诺和工作绩效有正向关系，并且情感承诺与角色外绩效的相关性大于其与角色内绩效的相关性（Riketta，2002）。本土化研究也得到了相似的结果。袁凌、王烨和陈俊（2007）探究了组织承诺的三个维度对员工离职行为的影响，其结果显示情感承诺对于离职行为的负向影响最显著。吴旭飞等（2008）学者对组织承诺各维度与绩效之间的关系进行了关注，发现组织承诺各维度与工作绩效之间存在显著正相关。对于情感承诺对员工工作绩效的促进作用，国内外学者都形成了较为一致的看法。

A 型人格是个体内在、稳定的倾向，也会调节情感承诺和工作绩效之间的关系。我们认为 A 型人格和情感承诺存在交互作用，共同作用于工作绩效，即 A 型人格正向调节情感承诺和工作绩效之间的关系，相较于 B 型个体，A 型个体中情感承诺和工作绩效的正向关系获得增强。个体的人格特质会对其行为方式和心理机制产生重要影响，因此我们对工作组织承诺与工作绩效之间关系的关注不能脱离个体的人格特质。也有研究发现，组织承诺和工作绩效之间的关系受到个体内在集体主义倾向的影响（Francesco 和 Chen，2004）。姚若松、陈怀锦和苗群鹰（2013）将组织承诺与情景变量相类比，认为工作绩效受组织承诺和人格特质交互作用的影响。个体情感承诺受到众多因素的影响，其中工作特征和工作经历是影响情感承诺的重要因素（刘小平，1999）。情感承诺表达了个体对组织的一种态度，可以解释为员工因为情感而留在组织中并对组织保持忠诚（王丽婕和李红勋，2011）。高情感承诺的个体对组织的价值观和目标感到认同，愿意为了组织付出努力和牺牲（Mowday、Steers 和 Porter，1979）。情感承诺被认为与一系列对组织有益的行为相关，如留在组织中、减少旷工、组织公民行为（刘小平，1999）。

A 型人格是个体内在的、稳定的重要特性，影响了个体的行为方式。A 型个体将时间看得宝贵，他们无法忍受浪费时间的行为，故而 A 型个体一旦确定目标，便会快速投入到工作中。且 A

型个体在压力环境下，会更专注于当前任务目标而忽略其他外界信息的干扰（Bermúdez、Pérez-Garcia 和 Súnchez-Elvira，1990）。竞争性成就作为 A 型个体的重要特征，会对个体的目标高度产生重要的影响。A 型个体常会为自己设立更高的要求（Warda 和 Eisler，1987），会为了达成自己的目标而付出更多努力。相较于 B 型个体，A 型个体不仅有更高的标准，而且还会在确定方向后快速专注到当前工作中。高情感承诺个体感知到个体和组织之间的情感，愿意为组织奉献并参与组织活动，而 A 型个体的高标准和"急性子"的特性将促进高情感承诺个体更快更好地投入到回报组织、为组织奉献的工作中去。反之，B 型个体缺乏竞争的倾向，较少制定高目标，在达成目标过程中缺乏时间紧迫性和专注度，故而将削弱情感承诺对工作绩效的正向作用。

总体来说，我们认为 A 型个体内在的高标准和"急性子"特征可以促进个体的情感作用，在个体对其组织一往情深时，做出评判后，将促进个体更好地为组织奉献。也就是说，A 型人格正向调节情感承诺和工作绩效之间的正向关系。

命题三：A 型竞争性成就和时间紧迫感正向调节情感承诺对个体工作绩效的影响：相较于低竞争性成就和时间紧迫感，在高竞争性成就和时间紧迫感个体特征下，情感承诺对个体工作绩效有更强的正向作用。

六、总结和展望

本文尝试从直接作用和催化作用两个视角讨论较少被关注的人格特质（A 型人格）的竞争性成就和时间紧迫感维度对工作绩效的作用，研究主要包含：第一，梳理了 A 型人格的构念。以往研究对于人格与绩效关系的探究主要集中在大五人格领域，而较少讨论更适用于工作场所的 A 型人格如何对绩效产生影响。研究从 A 型人格维度方面，对其构念进行梳理，认为竞争性成就和时间紧迫感是 A 型人格的重要维度，且将在大五人格外对绩效有潜在的积极影响。第二，从直接作用和催化作用两个角度，讨论了 A 型人格影响工作绩效的多种方式。A 型个体竞争性成就和时间紧迫感的重要特征让个体为工作付出更多努力，快速投入工作，且专注于当前任务，这些特征适应当前社会环境所提出的要求，直接有利于个体工作绩效。本文不仅讨论了 A 型人格对工作绩效的直接影响，还将 A 型人格视为认知能力、情感承诺和工作绩效之间的催化剂。A 型个体竞争性成就和时间紧迫感的特征正向调节认知能力、情感承诺对工作绩效的促进作用，是帮助扩大能力、态度对工作绩效影响的催化剂。

本文的局限性之一体现在 A 型人格内涵的辨析。虽然竞争性成就和时间紧迫感是 A 型人格的核心特征受到了众多学者的认可，但是究竟敌意是 A 型人格中的独立成分还是竞争性成就和时间紧迫感的外在表现，还需要进一步的实证检验。在未来的研究中，可以更多采用实证的方法，对 A 型人格的内涵进行探究，验证 A 型人格对工作绩效的影响方式，使研究变得更加全面。

本文的另一个局限性主要体现在缺乏实证数据检验。未来研究可以收集数据，对研究构想进行实证检验。为了减少同源误差，实证研究的数据收集建议采用上级与下属配对的方式，调查对象采用自评的方式报告自身个人统计变量、人格特质（大五人格、A 型人格）、认知能力和情感承诺，个体工作绩效由调查对象的领导进行评价。同时，为了判断人格特质、认知能力和情感承诺与工作绩效之间的因果关系，研究可采用纵向数据收集，在时间点一对下属的自我报告变量进行数据收集，在时间点二由领导对下属绩效进行评价。在数据分析中，除了常见的 SPSS 等数据分析方式，可采用 Mplus 对数据进行更加精确的检验。

尽管存在上述不足，本文仍对人格与绩效关系研究做出了有益尝试。研究探讨了 A 型人格影响工作绩效的关系，丰富了当前人格特质与工作绩效之间关系的研究。另外，研究在一定程度上揭示了能力、态度和人格的交互作用对个体绩效的影响，为管理实践提供了启示，展现出 A 型人格对工作绩效的“催化剂”作用。

〔参考文献〕

[1] 胡卫鹏，时勘. 组织承诺研究的进展与展望 [J]. 心理科学进展，2004，12 (1)：103-110.

[2] 李艾丽莎，张庆林. 目标设定理论与人力资源管理 [J]. 重庆大学学报 (社会科学版)，2006，12 (4)：64-70.

[3] 刘娟娟. 印象管理及其相关研究述评 [J]. 心理科学进展，2006，14 (2)：309-314.

[4] 刘小平. 组织承诺研究综述 [J]. 心理科学进展，1999，17 (4)：31-37.

[5] 唐小飞，钟帅，郑杰. 补救时机和人格特质对补救绩效影响研究 [J]. 管理世界，2011 (4)：178-179.

[6] 王丽婕，李红勋. 组织承诺研究综述 [J]. 人力资源管理，2011 (9)：88-89.

[7] 吴旭飞，孙卫江，郑家青等. 企业员工组织承诺和工作绩效的相关研究 [J]. 上海商学院学报，2008，22 (4)：132-135.

[8] 姚若松，陈怀锦，苗群鹰. 公交行业一线员工人格特质对工作绩效影响的实证分析——以工作态度作为调节变量 [J]. 心理学报，2013，45 (10)：1163-1178.

[9] 袁凌，王烨，陈俊. 组织承诺对员工离职行为影响的实证研究 [J]. 湖南大学学报 (自然科学版)，2007，34(6)：85-88.

[10] Allen N. J.，Meyer J. P. The Measurement and Antecedents of Affective，Continuance and Normative Commitment to the Organization [J]. Journal of Occupational & Organizational Psychology，1990，63 (1)：1-18.

[11] Allport G. W. Personality：A Psychological Interpretation [J]. American Journal of Sociology，1937，13 (1)：48-50.

[12] Anderson J. R. Cognitive Psychology and Its Implications [M]. W.H. Freeman，1985.

[13] Bandura A. Self-efficacy：The Exercise of Control [M]. New York：Freeman，1997.

[14] Barling J.，Boswell R. Work Performance and the Achievement-Strivings and Impatience-Irritability Dimensions of Type A Behaviour [J]. Applied Psychology，2010，44 (2)：143-153.

[15] Barling J.，Charbonneau D. Disentangling the Relationship between the Achievement Striving and Impatience-Irritability Dimensions of Type A Behavior，Performance and Health [J]. Journal of Organizational Behavior，1992，13 (4)：369-377.

[16] Barrick M. R.，Mount M. K. The Big Five Personality Dimensions and Job Performance：A Meta-Analysis[J]. Personnel Psychology，1991，44 (1)：1-26.

[17] Baumeister R. F. A Self-presentational View of Social Phenomena [J]. Psychological Bulletin，1982，91 (1)：3-26.

[18] Bermúdez J.，Pérez-Garcia A. M.，Sánchez-Elvira M. A. Type A Behavior Pattern and Attentional Performance [J]. Personality & Individual Differences，1990，11 (1)：13-18.

[19] Bettencourt B. A.，Talley A.，Benjamin A. J. et al. Personality and Aggressive Behavior under Provoking and Neutral Conditions：A Meta-analytic Review [J]. Psychological Bulletin，2006，132 (5)：751.

[20] Bluen Stephen D.，Barling Julian，Burns Warren. Predicting Sales Performance，Job Satisfaction，and Depression by Using the Achievement Strivings and Impatience-Irritability Dimensions of Type A behavior [J]. Journal of Applied Psychology，1990，75 (75)：212-216.

[21] Bolino M. C.，Varela J. A.，Bande B.，Turnley W. H. The Impact of Impression-Management Tactics on Supervisor Ratings of Organizational Citizenship Behavior [J]. Journal of Organizational Behavior，2006，27 (3)：281-297.

[22] Borman W. C.，White L. A.，Pulakos E. D. et al. Models of Supervisory Job Performance Ratings [J]. Journal of Applied Psychology，1991，76 (6)：863-872.

[23] Bunde J.，Suls J. A Quantitative Analysis of the Relationship between the Cook-Medley Hostility Scale and Traditional Coronary Artery Disease Risk Factors [J]. Health Psychology Official Journal of the Division of Health Psychology American Psychological Association，2006，25 (4)：493-500.

[24] Cramer D. Type A Behaviour Pattern，Extraversion，Neuroticism and Psychological Distress [J]. Br J. Med

Psychol, 1991, 64 (1): 73–83.

[25] DeYoung C. G., Hirsh J. B., Shane M. S., Papademetris X., Rajeevan N., Gray J. R. Testing Predictions from Personality Neuroscience. Brain Structure and the Big Five [J]. Psychological Science, 2010, 21 (6): 820.

[26] Francesco A. M., Chen Z. X. Collectivism in Action Its Moderating Effects on the Relationship between Organizational Commitment and Employee Performance in China [J]. Group & Organization Management An International Journal, 2004, 29 (4): 425–441.

[27] Friedman M., Rosenman R. H. Type A Behavior and Your Heart [J]. Type A Behavior & Your Heart, 1974, 33 (2): 131–132.

[28] Friedman M., Rosenman R. H. Association of Specific Overt Behavior Pattern with Increases in Blood Cholesterol, Blood Clotting Time, Incidence of Arcus Senilis and Clinical Coronary Artery Disease [J]. JAMA: The Journal of the American Medical Association, 1959 (169): 1286–1296.

[29] Gastorf J. W. Time Urgency of the Type A Behavior Pattern [J]. Journal of Consulting & Clinical Psychology, 1980, 48 (2): 299.

[30] Glass D. C. Stress, Behavior Patterns, and Coronary Disease [M]. New York: Halsted Press, 1977.

[31] Helmreich R. L., Spence J. T., Pred R. S. Making it Without Losing It:, Type A, Achievement Motivation, and Scientific Attainment Revisited [J]. Personality & Social Psychology Bulletin, 1988, 14 (3): 495.

[32] Humphreys L. G. The Construct of General Intelligence [J]. Intelligence, 1979, 3 (2): 105–120.

[33] Hunter J. E., Hunter R. F. Validity and Utility of Alternate Predictors of Job Performance [J]. Psychological Bulletin, 1984, 96 (1): 72–98.

[34] Jenkins C. D., Zyzanski S. J., Rosenman R. H. Jenkins Activity Survey Manual [M]. New York: Psychological Corporation, 1979.

[35] Jerry M.B. 人格心理学 [M]. 北京：中国轻工业出版社，2007.

[36] Judge T. A., Zapata G. P. The Person–situation Debate Revisited: Effect of Situation Strength and Trait Activation on the Validity of the Big Five Personality Traits in Predicting Job Performance [J]. Academy of Management Journal, 2015, 58 (4): 1149–1179.

[37] Keenan A., Mcbain G. D. M. Effects of Type A Behaviour, Intolerance of Ambiguity, and Locus of Control on the Relationship between Role Stress and Work–Related Outcomes[J]. Journal of Occupational Psychology, 1979, 52 (4): 277–285.

[38] Kelly K. E., Houston B. K. Type A Behavior in Employed Women: Relation to Work, Marital, and Leisure Variables, Social Support, Stress, Tension, and Health [J]. Journal of Personality & Social Psychology, 1985, 48 (4): 1067–1079.

[39] Kühn S., Schubert F., Gallinat J. Structural Correlates of Trait Anxiety: Reduced Thickness in Medial Orbitofrontal Cortex Accompanied by Volume Increase in Nucleus Accumbens [J]. J Affect Disord, 2011, 134 (1–3): 315–319.

[40] Kunnanatt J. T. Type A Behavior Pattern and Managerial Performance: A Study among Bank Executives in India [J]. International Journal of Manpower, 2003, 24 (6): 720–734.

[41] May J., Kline P. Extraversion, Neuroticism, Obsessionality and the Type A Behaviour Pattern [J]. Psychology & Psychotherapy Theory Research & Practice, 1987, 60 (3): 253.

[42] Meyer J. P., Paunonen S. V., Gellatly I. R. et al. Organizational Commitment and Job Performance: It's the Nature of the Commitment that Counts [J]. Journal of Applied Psychology, 1989, 74 (1): 152–156.

[43] Mowday R. T., Steers R. M., Porter L. W. The Measurement of Organizational Commitment [J]. Journal of Vocational Behavior, 1979, 14 (2): 224–247.

[44] Oakes D. W., Ferris G. R., Martocchio J. J. et al. Cognitive Ability and Personality Predictors of Training Program Skill Acquisition and Job Performance [J]. Journal of Business & Psychology, 2001, 15 (4): 523–548.

[45] Phillips J. M., Gully S. M. Role of Goal Orientation, Ability, Need for Achievement, and Locus of Control in the Self–efficacy and Goal–setting Process [J]. Journal of Applied Psychology, 1997, 82 (5): 792–802.

[46] Riketta M., Landerer A. Organizational Commitment, Accountabilly and Work Behavior: A Correlation Study [J]. Social Behavior & Personality An International Journal, 2002, 30 (7): 653-660.

[47] Riketta M. Attitudinal Organizational Commitment and Job Performance: A Meta-analysis[J]. Journal of Organizational Behavior, 2002, 23 (3): 257-266.

[48] Rosenman R. H. The Interview Method of Assessment of the Coronary-Prone Behavior Pattern [J]. Coronary-prone Behavior, 1978: 55-70.

[49] Smith T. W., Follick M. J., Korr K. S. Anger, Neuroticism, Type A Behaviour and the Experience of Angina [J]. British Journal of Medical Psychology, 1984, 57 (3): 249-252.

[50] Sobanski T., Wagner G., Peikert G. et al. Temporal and Right Frontal Lobe Alterations in Panic Disorder: A Quantitative Volumetric and Voxel-based Morphometric MRI Study[J]. Psychological Medicine, 2010, 40 (11): 1879-1886.

[51] Spence J. T., Helmreich R. L., Pred R. S. Impatience versus Achievement Strivings in the Type A Pattern: Differential Effects on Students' Health and Academic Achievement [J]. Journal of Applied Psychology, 1987, 72 (4): 522-852.

[52] Spence J. T., Pred R. S., Helmreich R. L. Achievement Strivings, Scholastic Aptitude, and Academic Performance: A Follow-up to "Impatience versus Achievement Strivings in the Type A Pattern" [J]. Journal of Applied Psychology, 1989, 74 (1): 176-178.

[53] Stajkovic A. D., Luthans F. Self-efficacy and Work-related Performance: A Meta-analysis [J]. Psychological Bulletin, 1998, 124 (2): 240-261.

[54] Strube M. J. Time Urgency and Type A Behavior [J]. Personality & Social Psychology Bulletin, 1982, 8 (3): 563-565.

[55] Ward C. H., Eisler R. M. Type A Achievement Striving and Failure to Achieve Personal Goals [J]. Cognitive Therapy & Research, 1987, 11 (4): 463-471.

Does Impatientence Promote the Work?

—The Relationship of Type A with Job Performance

DU Jing　QIU Yiyi

(Economics and Management of School, Wuhan University, Wuhan　430072)

Abstract: Personality traits have emerged as critical predictors of job performance. We review the original conception of Type A behavior pattern and its distinction with Big Five personality traits, and discuss the influence of Type A behavior pattern on job performance after controlling the Big Five personality traits. We propose that achievement-strivings and time urgency are the central feature of Type A behavior pattern, and play positive roles on job performance directly. When the achievement-strivings and time urgency are high rather than low, employees' cognitive ability and attitude (e.g. emotional commitment) are more positively related to job performance. The proposition contributes the understanding of Type A behavior pattern and demonstrates managerial implications.

Key Words: Type A Behavior Pattern; Job Performance; Cognitive Ability; Emotional Commitment

新时代的人力资源管理与开发

赵曙明

(南京大学商学院，南京　210000)

[摘　要] 随着全球化的不断深入，企业内外环境正在发生急剧变化，这也给当前的人力资源管理带来了前所未有的挑战。本文从新变化、新思路、新主题三个部分入手，深度剖析了新时代人力资源开发与管理的现状及未来趋势，为政府、企业等不同社会主体推进人才发展提供了理论与实践的政策建议。

[关键词] 人力资源管理与开发；新变化；新思路；新主题

习近平总书记在中共十九大报告中指出，人才是实现民族振兴、赢得国际竞争主动的战略资源。在我国全面建成小康社会决胜阶段、中国特色社会主义进入新时代的关键时期，我们要深入理解和领会人才对于推动国家进步、民族振兴、社会转型的积极作用，以识才的慧眼、爱才的诚意、用才的胆识、容才的雅量、聚才的良方，努力形成人人渴望成才、人人努力成才、人人皆可成才、人人尽展其才的良好局面，让各类人才的创造活力竞相迸发、聪明才智充分涌流。

围绕如何用好人才，最大限度激发和调动人才的积极性、主动性和创造性，深入研究人力资源开发与管理面临的新变化、新情况和新特点，总结提炼新理念、新方法和新工具，展望新趋势、新思路和新方向，对于全面推进人才体制机制创新，加快会聚一支规模宏大、结构合理、素质优良的人才队伍，推动中国管理、放大中国影响具有深刻的理论意义和现实意义。

一、现阶段人力资源开发与管理面临的新变化

习近平总书记指出，“我国是一个人力资源大国，也是一个智力资源大国”“人才是创新的第一资源”。目前，我国正在从人力资源大国向人才强国迈进。根据2017年8月发布的全国人才资源统计报告，截至2015年，全国人才资源总量达1.75亿人，人才资源总量占人力资源总量的比例达15.5%，比2010年提高了4.4个百分点。人才资源总量的不断增加、结构的持续优化，一方面体现了国家对人力资源开发和管理的高度重视，另一方面也对全社会人才工作提出了更高要求。

面对内外部环境的变化，我们需要充分认识到时代变迁背景下人力资源开发与管理在转型发展、组织方式、管理理念、队伍建设等方面面临的新变化。

（一）新经济业态的持续发展，对人力资源开发和管理提出了新课题

当前，世界经济社会发展正发生着一系列变革，新经济、新产业、新技术、新模式、新业态不断涌现，动态性、广泛性、快速性、多业态、复杂性和不确定性等特征日趋明显。相对于以往大规模生产、规范化管理的运行方式，“求快、求变、求新”的移动互联网快捷时代将用户体验放

[基金项目] 国家自然科学基金重点项目（71332002、71832007）——“中国企业雇佣关系模式与人力资源管理创新研究”。
[作者简介] 赵曙明，男，江苏省海安人，南京大学人文社会科学资深教授、商学院名誉院长、博士生导师。

到一个更加重要的位置，组织间竞争更多体现为个性化、多元化、定制化产品和服务的竞争，专业化、分工化、互惠化成为组织生存和发展的不二法则。围绕提升资源配置效率的问题，需要我们重新审视社会资源再组合、再分配等现实问题。

习近平总书记在中共十九大报告中指出，要推动互联网、大数据、人工智能和实体经济深度融合，在共享经济、人力资本服务等领域培育新增长点、形成新动能。一段时期以来，发展共享经济已经成为一种社会潮流，成为推动产业加速转型的重要抓手。比如，当今世界最大的出租车提供者优步（Uber）没有车，最大的零售者阿里巴巴没有库存，最大的住宿提供者空中食宿（Airbnb）没有房产。从开始的交通、住房领域到现在的生产生活领域，共享经济使各个行业呈现百花争艳的格局。《中国分享经济发展报告 2017》显示，2016 年我国分享经济市场交易额约为 34520 亿元，比上年增长 103%。与此同时，我国分享经济的提供服务者人数约为 6000 万人，比上年增加 1000 万人；分享经济平台的就业人数约 585 万人，比上年增加 85 万人。未来几年分享经济仍将保持年均 40%左右的高速增长，到 2020 年分享经济交易规模占 GDP 比重将达到 10%以上，到 2025 年占比将攀升到 20%左右。面对产业、技术等转型发展的大趋势，共享经济已不仅是一种利润分配制度，而且将演变为一种新业态、新理念乃至新革命。

从人力资源开发的角度看，“不求人才所有，但求人才所用；不求绝对拥有，但求绝对所用”的理念已经成为全社会的共识。因此，我们需要紧跟“共享经济”“人工智能”“服务外包”等新经济业态的发展步伐，在创新实践中发现人才、在创新活动中培育人才、在创新事业中凝聚人才，为创新驱动发展提供更多人才支撑。

（二）新组织模式的不断变革，对人力资源开发和管理提出了新任务

20 世纪 80 年代以来，世界经济呈现全球化、网络化、知识化和信息化发展趋势，并由此衍生出一种不同于工业经济的新的经济形态。与新经济业态相伴而来的是信息技术更迭、资源配置方式转变、客户需求的及时反馈，并且正在重新构建世界的新型商业模式。尤其是近年来日益兴起的移动互联网、大数据、云计算、物联网、人工智能等信息革命正在颠覆现有世界，并且潜移默化地改变着我们的生产关系、生活关系以及人与人的关系，“单打独斗、一家独大”的传统思维已不再适应社会发展的要求。

面对新时代的发展要求，中共十八大把科技创新摆在国家发展全局的核心位置，明确提出实施创新驱动发展战略，加快科技创新与制度创新、管理创新、商业模式创新、业态创新和文化创新相结合，推动发展方式向依靠持续的知识积累、技术进步和劳动力素质提升转变，促进经济向形态更高级、分工更精细、结构更合理的阶段演进。

现阶段，组织外部边界和内部边界逐步淡化甚至消失，以往工业化生产和泰勒制工作机制正被新的组织模式所替代，并催生了许多新型组织形式，既包括连接供需双方的大型共享平台类组织，又有满足特定需求的微创企业，无边界、虚拟化、共享型组织对人力资源开发与管理提出了新的更高要求。在中国，海尔“无边界组织”、美的“组织再造”正是新组织模式创新的最新实践和成功典范（彭剑锋，2015；刘善仕，2017）。比如，海尔所倡导的“企业无边界、管理无领导、供应链无尺度、员工自主经营”模式，从组织结构、雇佣模式和绩效考核三方面入手进行变革，不仅满足了股东、客户、员工和社会四个利益者，还进一步激活了员工这个创客群，为顾客创造了更多价值。

从人力资源开发和管理的角度看，“公司＋员工”的组织关系正逐渐被“平台＋个人”所替代，“我为人人，人人为我”不再停留在口号上，“跨界联动、交互协同”的管理理念更深入人心。因此，我们需要以市场为导向，建立更加灵活的组织架构，准确把握人才发展需求，为更多人才创新创业搭建更广阔的舞台。

（三）新雇佣方式的加速演变，对人力资源开发和管理提出了新要求

加强企业雇佣关系管理是企业使用、培育和凝聚人才的有力抓手，也是国家加快构建和谐劳动关系、推动人力资源管理创新的重要内容。早在2011年，习近平同志就指出，构建和谐劳动关系是建设社会主义和谐社会的重要基础，是坚持中国特色社会主义道路、贯彻中国特色社会主义理论体系、完善中国特色社会主义制度的重要组成部分。

在实际工作中，企业给员工提供了何种类型、何等程度的激励和报酬，以及组织要求员工完成何种类型、何等程度的工作与贡献，决定了企业的雇佣关系模式和员工的幸福指数，企业雇佣关系也从传统的单一模式转变为组织导向和工作导向等多种模式并存的局面。笔者于2014~2015年对国内603个企业雇佣关系模式样本的调查显示，我国企业雇佣关系呈现形态多元、过渡稳健、策略失配、发展保守四个特征。调查也显示，中国企业员工的主观幸福感平均得分为73.9分，心理幸福感平均得分为68.7分，享乐幸福感平均得分为74分。其中，大约27%的员工主观幸福感和享乐幸福感高于85分，但只有6.18%的员工拥有超过85分的心理幸福感。

从人力资源开发和管理的角度看，“劳动雇佣关系”向“劳动合同关系”转移、“雇佣式就业”向“创业式就业”转移已经成为一种社会常态。我们需要更加注重人力资源伙伴角色的拓展和延伸，加快构建组织和员工间相互投资型雇佣关系，营造人才平等的社会风尚和精益求精的敬业风气。

（四）新生代员工的快速成长，对人力资源开发和管理提出了新挑战

管理学大师彼得·德鲁克曾说过，顾客是企业存在的依据，组织的生存依赖于它们的服务和产品能否长期得到顾客的充分认同。当前，组织客户不仅包括外部合作者和市场消费者，还包括组织内部员工的客户群体。尤其是改革开放以后出生的新生代员工不断涌现，对人力资源开发与管理提出了新的要求。

习近平总书记高度重视青年工作，2016年他在安徽合肥主持召开知识分子、劳动模范、青年代表座谈会，指出：青年人朝气蓬勃，是全社会最富有活力、最具有创造性的群体。作为社会职场的一支重要力量，2013年的一项调查显示国内新生代员工规模达2.48亿人。而在2015年、2016年和2017年，全国分别又有749万名、769万名和789万名普通高校毕业生“入市”。目前，在部分企业“85后”员工所占比例已达到70%以上，已经陆续成长为企业核心人才。与“60后”“70后”员工相比，新生代员工更加崇尚上下级平等，独立性强、价值观多元，希望得到社会的更多认同。但是，新生代员工同样存在团队协作性弱、流动意愿强、不安于现状等现实问题。

从人力资源开发和管理的角度看，新生代员工是主导未来社会发展的“主力军”和“生力军”。为此，我们需要进一步更新顾客理念，全面了解组织客户尤其是内部客户群体的心理需求和社会需求，全面构建适应新人才价值观的人才使用、培养、激励机制，为青年成长成才提供更多的社会支持和组织保障。

二、当前人力资源开发与管理的新思路

当前，人才开发与管理应顺应时代发展的新要求，深刻认识和理解社会变革和经济发展带来的新机遇、新挑战，强化“共治共生、共创共赢”的发展思路，从组织管理、人员安排、资本投入、环境营造等方面加强综合开发，推动人力资源开发与管理的全面转型变革。

（一）加快“传统层级型”向“平台共治型”的组织治理模式转型

随着信息技术尤其是互联网技术的快速发展，市场环境的不确定性、竞争性日益增强，组织越来越需要更加灵活的运作与管理方式。组织只有建立起一套良好的组织运行机制和管理机制，才能更大程度地激发组织活力，形成良好的工作氛围和工作环境，以适应未来社会发展的要求。

当前，企业的组织结构正在从高度集权的金字塔组织向扁平化、虚拟化、动态化方向发展。面对新的发展阶段，我们需要深刻认识到网络软硬件工具对传统治理方式的新要求，重视发挥人才主体性作用。以“去中心、去结构、去层级”为主要抓手，以建立“无边界组织”为方向，借鉴阿里巴巴“百川计划”、苏宁“众包云台”、海尔“创客平台”等新组织模式创新，改变金字塔式、命令式的管理模式，提升和重构组织内部运营模式、组织形态、业务流程和工作方式，为组织成员间低成本、零距离、无障碍交流提供新的平台，进一步优化组织运行生态。尤其是在当前人才流动面临新情况的背景下，强化“平台+个人”的运行机制，按照市场规律让人才自由流动，实现人尽其才、才尽其用、用有所成。

（二）加快“纯粹雇佣型”向“合作共生型”的劳动契约模式转型

目前，组织与成员、员工与员工之间的关系正在悄然发生着变化。以往基于组织边界的人群划分标准，通过纯粹雇佣方式将组织和员工置于两个不同管理范式。实际上，员工是组织价值创造的重要力量，也应当成为组织决策和财富分配的主要群体。正如《联盟》一书所强调的，“理想的雇佣关系框架应鼓励员工发展自己价值，管理者真正所要关注的就是为雇佣双方打造利益与命运的共同体，来让新型的合作关系得以延续”。

在当前的竞争环境下，用工灵活性与战略应变性及市场反应性对组织同等重要。我们需要打破原有劳动雇佣的固有框架，强化雇佣关系模式的变革，全面提升劳动、信息、知识、技术、管理、资本的效率和效益。借鉴阿里巴巴“湖畔合伙人制”、万科“事业合伙人制”等模式，突出多元化导向，加强组织与员工间的互动、互利和互惠，提高员工在组织中的知情权和话语权，从而构建起更具协作性、持久性、稳定性的合作关系，激发全社会人才的创新活力和创造潜能。

（三）加快“成本控制型”向“投资共赢型”的人才资本模式转型

当今社会，人才资源要素是最活跃、最具价值创造潜能的要素。创新驱动实质上是人才驱动，人才驱动首先要做到驱动人才。美国凯尔萨夫妇（Louis O. Kelso 和 Patricia H. Kelso，1996）出版的《民主与经济力量——通过双因素经济开展雇员持股计划革命》一书中就提出，资本与劳动共同创造财富的新理论。刘福垣（2013）指出，无论是从国家战略层面，还是从个人层面，关注人力资本增值和保值问题都必须准确把握人力资本的特殊属性。

2016 年 11 月 7 日，中办、国办印发《关于实行以增加知识价值为导向分配政策的若干意见》，明确提出把人作为政策激励的出发点和落脚点，强化产权等长期激励。因此，我们需要摒弃以往的管控理念，将人才资源的优先投资和优先发展放在重要位置，进一步破除一切制约人才发展的思想障碍和制度藩篱，在提供优厚福利待遇、优越工作环境、挑战性工作的基础上，更加重视对直接成果、价值实现和未来人才发展的绩效产出。通过人力资本合伙人、员工持股、利润分享等制度供给和制度创新，加快建立健全科学合理人才评价和激励机制，加大人才资本投入。与此同时，以全面提升人力资源价值为目标，重视人才的人文福祉，强化人文关怀，进一步提升组织对人才的吸引力、保留力、发展力，促进企业人才价值链的延伸和拓展。

（四）加快“保守封闭型”向“开放共创型”的社会文化模式转型

“贤才，国之宝也。”未来经济的竞争主要是科技与人才的竞争，而归根结底还是人才的竞争。习近平总书记指出，人才是创新的根基，加快推进人才强国战略、建设创新型国家，离不开一支有创新意识、创新精神、创新思维、创新知识、创新能力并具有良好创新人格的人才队伍。管理学大师彼得·德鲁克也指出，管理是一种社会职能，既要承担社会责任，又必须根植于文化之中。

为此，我们需要从组织长远发展的角度出发，牢牢遵循社会主义市场经济规律和人才成长规律，把人才作为企业创新的第一动力来使用。摒弃保守、封闭的单一文化，以建立更加“开放、合作、信任、包容、共享”的社会文化为目标，强化制度环境、工作环境、科研环境、生活环境和文化环境的协调发展，在全社会营造尊重人才、珍惜人才、爱护人才、善待人才的浓厚氛围，最大限度地凝聚社会共识和集体智慧，形成“互通互利”的人才共同体。

三、下阶段人力资源开发与管理研究的新主题

当前，一切管理活动的着眼点是提高人力资源效益，根本目标是释放人力资源的最大潜能。基于中国情景，沿着“中国实践—中国经验—中国范式—中国方案”的研究路径，从理论建构、实践应用、政策执行等方面重构当代人力资源开发与管理的理论框架和认识图景，以新思维、新理念、新路径引领未来工作的落脚点和突破口。

（一）总结人力资源开发与管理的“中国实践”

充分认识人力资源开发与管理的新变化和新趋势，深刻把握未来人力资源管理的发展动向。结合互联网、共享经济、大数据和人工智能等时代背景，重点探讨中国情境下人力资源开发与管理的参与主体、运行机制、保障环境、表现形式等。采用大规模纵向数据采样方法，分析中国情境下影响人力资源开发与管理的内外部因素，关注新时期人力资源开发与管理的主要特征。

（二）归纳人力资源开发与管理的“中国经验”

在现有体制、技术、文化等多重社会变革背景的共同作用下，充分考虑我国发展模式的多样性、发展阶段的差异性、发展特征的多元性三大特征。通过典型案例研究，归纳不同地区、不同类型、不同发展阶段企业人力资源开发与管理的经验模式，总结不同模式的适用性及实践效果。

（三）梳理人力资源开发与管理的“中国范式”

借鉴人力资本、生态系统、创新驱动等经典理论，结合经济发展的新趋势和组织结构的新变化，总结和提炼当代人力资源开发与管理的应用领域，对未来人力资源管理的发展趋势做出科学、全面的判断。采用多学科、多视角、多情景的思路，分析各种人力资源开发与管理工具在中国的适用性和效果，提出中国背景下人力资源开发与管理模式的实施与发展路径。

（四）提炼人力资源开发与管理的“中国方案”

从历史演化视角，梳理中国人力资源开发与管理政策体系的演进历程，准确、客观地提炼政策体系的内在特征和基本逻辑。重点关注国家在人才引进、人才培养、人才评价等方面的政策走向，提出创新驱动战略下中国人力资源开发与管理的宏观政策与企业策略，突出引才聚才、识才用才、敬才重才等制度创新，为提高相关人才政策的针对性、准确性和有效性提供决策参考。

四、结 语

总之，新时代的人力资源开发与管理是一个系统工程，需要政府、社会、企业、个人的共同努力。人力资源开发与管理要适应经济社会的新变化、新趋势和新要求，从国家人才强国战略的高度出发，完善人才体制机制，为决胜全面建成小康社会、夺取新时代中国特色社会主义伟大胜利、实现中华民族伟大复兴的中国梦提供人才支撑。

〔参考文献〕

［1］中共中央组织部、人力资源社会保障部、国家统计局. 2015 年度全国人才资源统计［R］. 2017.

［2］国家信息中心分享经济研究中心. 中国分享经济发展报告 2017［R］. 2017.

［3］赵曙明. 共享经济下人力资源管理面临新变化［N］. 新华日报，2018-01-17.

［4］彭剑锋，云鹏. 海尔能否重生：人与组织关系的颠覆与重构［M］. 杭州：浙江大学出版社，2015.

［5］刘善仕，刘学. 基于成本控制的人力资源管理研究——以美的集团为例［J］. 中国人力资源开发，2017（6）：15-20.

［6］赵曙明，杜鹏程. 德鲁克管理思想解读［M］. 北京：机械工业出版社，2009.

［7］［美］路易斯·凯尔萨，帕特里亚·赫特·凯尔萨. 民主与经济力量——通过双因素经济开展雇员持股计划革命［M］. 赵曙明译. 南京：南京大学出版社，1996.

［8］刘福垣. 必须把握人力资本的特殊属性［J］. 中国人力资源开发，2013（7）：50-54.

［9］赵曙明. 新时代我国企业劳动关系管理［N］. 新华日报，2018-05-08.

Human Resource Management and Development in the New Era

ZHAO Shuming

（School of Business，Nanjing University，Nanjing　210000）

Abstract：With the deepening of globalization，corporation internal and external environment is changing rapidly. This has brought unprecedented challenges to the current human resource management. This paper analyzes the current situation and future trend of human resources management from new changes，new ideas and new themes. It provides theoretical and practical policy advice for the government and enterprises to further promote the development of talents.

Key Words：Human Resource Management and Development；New Changes；New Ideas；New Themes

场域理论在员工—企业关系分析中的适用性探讨：以共享经济为背景

张　捷　毕砚昭

（南京航空航天大学经济与管理学院，南京　210016）

[摘　要] 共享经济中兴起的新型组织正成为行业重要力量，并重构商业模式。在这些新型组织形态中，员工关系和管理模式也相应发生了诸多变化。如何把握其中变化的逻辑及未来发展的趋势，需要理论上的探索与尝试。本文尝试以社会学中布迪厄的实践理论为工具，以“场域—资本—关系—实践”为框架，即将员工—企业之间的关系视为一个场域，双方是这一场域中的行动者，各行动者在变化环境中的经济、文化、社会和符号四种资本方面的交互状态，将影响企业和员工的惯习和实践；此外，还尝试从整体上厘清共享经济背景下员工—企业关系的逻辑，并与其他相近理论进行对比；最后结合海尔的案例探讨了运用场域理论分析共享经济下企业员工关系的适用性，也为后续研究员工—企业关系提供了一种新的视角和方法。

[关键词] 共享经济；员工—企业关系；场域理论

一、引　言

随着互联网信息技术的飞速发展，共享经济在社会生活中发挥着日益重要的作用。“共享”作为国家“十三五”时期的五大发展理念之一，共享经济也将成为推动我国经济加速转型、引领未来社会发展的重要抓手。与共享经济相伴而来的是资源配置方式转变、组织形态变迁、客户需求及时响应。大批共享经济中兴起的新型组织正成为行业的重要力量，并重构商业模式和经营的理念。

诞生之初，共享经济就是针对企业与员工间的经济资本配置。早期经济学家威茨曼发表的系列著作提出，分享工资制即针对当时社会资本分配的不均衡进而提出需要考虑资本分配时的公平性，之后分享经济在马克思主义和西方分享经济理论中均得到演化和发展，马克思主义分享经济理论分为剩余分享、工资分享和收入分享，西方经济理论分为资本分享、要素分享和利润分享，与此同时，理论的提出亦伴随着实践。进入21世纪，学者们又赋予共享经济新的内涵，如今的共享经济更强调的是资源的充分利用，且将这种利用性借助互联网的力量推广到一种更广泛、更深入的范畴。由此，许多学者对共享经济的特征进行了总结，Kathan W.等（2016）认为共享经济的特点为非拥有权、临时性、重新分配和技术依赖性的特点。J. Mair和G. Reischauer（2017）围绕共享经济交易过程，将共享经济与传统经济从支付方式、交易地点、交易内容、交易对象、交易

[基金项目] 国家社会科学基金项目“共享经济场域中员工—企业演化逻辑与治理机制研究”（17BGL102）。

[作者简介] 张捷，女，教授，博士生导师，研究方向：人力资源管理，电子邮箱：jiezhang@nuaa.edu.cn。毕砚昭，男，博士研究生，研究方向：人力资源管理，电子邮箱：byz0601@163.com.

设施和设施提供者五个方面进行对比，结果发现共享经济交易方式更多样化、交易侧重资源的重新分配和获取、交易伙伴是个体、交易依赖电子平台。Frenken K.和 Schor J.（2017）将共享经济定义为一种介于产品服务经济、二手经济和按需经济之间的经济，并认为共享经济兼具这三种经济之间的特征，并总结为交易者的交互性、交易灵活性和商品的事物性三种特征。综合以上学者提出的共享经济特点，本文将共享经济定义为：交易人合作方式多变、交易方式灵活、依赖网络环境、充分利用社会资源的一种新型经济。

由此可见，共享经济并非新事物，其内容早已不再仅仅拘泥于起初企业员工薪酬的分配，在融合了互联网思维之后，共享经济的范畴与过去相比更大，且形式更加灵活，它不仅成为以优步（Uber）和空中食宿（Airbnb）为代表的一种盈利新模式，更是一种基于提高社会闲置资源使用效率、促进社会经济可持续发展的灵活发展模式。尤其是共享经济组织近年来的蓬勃发展加速了企业内、外部之间的交流与互动，并给员工关系和管理模式带来许多变化。员工—企业关系的研究涉及管理学、组织行为学、心理学的多学科研究范畴，但这些学科的传统理论在分析新背景下的员工—企业关系时面临一定的局限性，为此，本文引入社会学领域中布迪厄的场域理论，对在共享经济背景下员工—企业关系研究的适用性进行分析，并尝试应用场域理论阐述共享经济背景下员工—企业关系的一般逻辑。

二、共享经济下的员工—企业关系

发展至今，共享经济下员工—企业关系是在共享经济活动中员工（劳动的提供者）与企业（劳动的组织者）之间由于双方利益而引起的，表现为合作、冲突、权力和力量相互交织的过程，外在环境以及双方力量对比等内外部环境的变化对于这一过程亦将产生影响。其实，学术界对于员工—企业关系的称谓很多，最早由英国学者 Charles Morrison 提出代表工人与雇主关系的雇佣关系，后来随着研究的不断深化和发展又出现了劳资关系、劳动关系、员工关系等术语。时代的变迁亦将带来其中芸芸众生、世象万千的改变，以互联网信息技术为依托而兴起的共享经济使得当前员工与企业的关系发生了许多改变，员工与企业之间的关系不再仅仅是（甚至根本不是）传统意义上的雇佣关系，而是出现了合伙关系、契约关系、平台关系等多种不同形式，为人力资源管理带来了新的机遇和挑战。

共享经济背景中新兴的组织表现为如下特点：①去中心化，共享经济中的个体借助平台具有资源配置权，使传统雇佣中的关键岗位和关键流程的中心地位失去；②无边界化，共享平台使资源和服务信息可以不受企业边界约束而自由传递；③平台化，企业的组织形式转化为一种资源配置的框架。由此，员工—企业关系也逐渐呈现新的特点。员工—企业关系作为国民经济中最重要的社会关系之一，其发展或变化、冲突或合作、稳定或动荡关乎政府、组织和人民群众的利益。因此，研究共享经济背景下的员工—企业关系，并从理论角度来探讨共享经济对员工企业关系的影响和治理，对完善新形势下组织管理，提高员工工作效率具有重要意义。

三、场域理论及应用

场域理论是后现代社会学的主要理论之一，也是布迪厄社会实践理论的一部分。建立在实践观基础之上的场域、惯习和资本间的关系可表述为：（惯习×资本）+场域=实践（实践与反思）。布迪厄认为，生活在社会空间中的行动者是由特定的社会关系网络来确定其社会位置的，行动者凭借各自拥有的特定资本相互作用进而形成特定惯习在场域中的活动，在受到一定社会制约的客观环境和结构中，同时创造和建构自身和生活在其中的社会。因此，场域、资本、惯习及三者之间的关系所形成的理论体系是布迪厄社会实践理论的主要内容。其中，场域即实践空间；资本是实践工具，它决定着场域中行动者的位置，资本包括经济资本、文化资本、社会资本和象征资本；惯习即实践逻辑，实践则是人类的存在方式。将场域、惯习和资本三个概念联系起来可以概括为，行动者在场域中根据占有的资本在场域中惯习的引导下争夺资本并斗争。场域理论已经不局限于对艺术、社会的研究，许多研究问题都会涉及参与者、参与者所拥有的资本以及参与者争取资本时所遵循的规则，目前学者们已利用场域理论在旅游、教育等领域开创了新的研究视角，并逐渐对管理领域产生影响，且在管理和组织研究中渐有较为深入的应用。

事实上，场域的灵魂即贯穿于社会关系中的力量对比及其实际紧张状态，特定的经济场域意味着特定的经济资源调控和整合方式，进而影响到资本要素在其中的地位以及各社会主体的利益关系，资本既是行动者竞争的工具，又是竞争的对象，资本的相对价值随场域的不同而不同。由于员工—企业关系实质就是一种经济利益关系，其本质是双方合作、冲突的相互交织，并取决于双方的力量对比。员工—企业关系的理论主要从利益、冲突等维度展开，而布迪厄的场域理论体现了关系主义思维方式，进而为“关系分析”提供了一个框架。

从场域理论来看共享经济背景下的员工关系，可以看到共享经济商业模式的崛起并渗透至各个传统行业进而构成共享经济场域，员工—企业关系中所涉及的各个主体，从狭义来看，主要就是劳动的提供者（员工）和劳动的组织者（企业）置于这一场域而扮演着行动者的角色，行动者各自掌握着不同数量和形式的资本，经济资本是企业和员工都追求的元资本，此外，还有文化资本、社会资本和符号资本等资本形式，资本的相对价值随场域的不同而不同，而这些资本以上述不同形式被企业和员工所承载，并通过行动者的惯习而流动和转换。

下面将以共享经济下的员工—企业关系为背景，对比分析这一场域中不同行动者的资本和惯习的状况，进而解释其中的逻辑关系。

四、共享经济场域中资本和惯习在员工—企业关系中的阐释

（一）共享经济场域中员工—企业的经济资本

经济资本在布迪厄场域理论中是最基本的资本，与一般经济学意义上的资本概念相同，包括固定的和流动的各种财产。

1. 资本结构和权利更加分散

共享经济是伴随技术的发展而兴起的，在这一背景下，知识、技术和人力资本的地位越来越重要，人力资本与货币资本的互动越来越紧密，通过阿里巴巴、腾讯和百度（BAT）等互联网企业实施的人力资本合伙人制度等制度创新，亦证实了其在共享经济下较之以往更加分散的资本结构更加有利于企业的发展。我国企业融资方式由最初的政府财政主导融资和银行信贷主导融资发展到现在通过银行和资本市场的多元化融资，前两种融资形式主要面对国有大中型企业，对企业规模的限制条件较为苛刻，但融资环境发展至今，越来越具有普适性，企业融资的准入门槛降低。共享经济中的全球资源在共享平台上得以优化配置，为企业获取资源的全球众筹创造了条件。在这种条件下，企业的资本结构中外部资本的比例将比以往提高，根据詹森和麦克林的理论，资本结构决定企业剩余价值控制权的分配，共享经济下的企业不仅将部分权利通过资本结构调整让渡给企业内部员工，而作为劳动提供者的员工在被多雇主雇佣的情况下，还会有部分权利流失到企业外部。

2. 企业和员工的资源和利益选择与分配更加灵活

据美国和欧洲的学者统计，生产企业的产能利用率基本保持在 80%~85%，许多企业特别是制

造型企业的生产线和车间设备没有充分利用，然而要提高这些生产设备组成的生产系统的动态适应能力并提高利用率并不是一个简单且短期能够解决的问题，因此学者认为可以通过生产网络提供的信息实现生产资源的企业间共享，让临时产能过剩的企业将过剩产能提供给由于生产资源不足导致产能不足的企业，实现产能的动态分享。

共享经济背景下，员工的互联网思维使得以往掌握在少数人手中的信息和资源变成了一种更易获得的共享资源，员工在工作选择和付出努力上以站在比过去更高的信息平台、拥有更多的信息权利为基础进行决策。例如，在高薪酬的公司中，员工可能不会在意自己的工资在公司中的水平，但在选择雇主时会在意同地区同行业同职位的薪酬比较，因为员工之间会共享薪酬分配的信息，为了争取更多的经济资本，他们将不得不对自己的薪酬与公司内部和外部的薪酬情况做对比，由此可见，共享经济背景对企业获取人力资本带来了新的挑战，同时也为员工有效获取更多自身收益提供条件。

（二）共享经济场域中员工—企业的文化资本

布迪厄对文化资本的定义为三种存在状态，即身体化状态、客观化状态和制度化状态，身体化状态表现为行动者的性情倾向，探讨行动者的背景、教育环境等，是个性化的秉性和才能；客观化状态是指物化或对象化的文化资产，如文化商品、历史文物等；制度化状态指文化资格、文化体制，如学位和资格文凭等。共享经济场域下的员工与企业的文化资本涉及的主要是身体化状态和制度化状态，文化资本在承担了传统企业文化统一企业和员工价值观、凝聚力和行为规范之外，还在传统企业文化的定义和作用上进行了创造和延伸。共享经济背景下对员工—企业场域的文化资本分析如下：

1. 强调员工参与，与企业互利共赢

良好的组织文化会有效促进个体间知识共享的实现。Schein 在《组织文化与领导力》中认为组织领导者是组织文化的塑造者，这种认知是建立在传统组织中的将组织和领导任务集中于领导个人的基础上，而在共享经济中的组织，员工并非单纯一味地执行上级任务，扁平化的组织结构亦使员工担负起一定的领导任务，从而员工也成为组织文化塑造的重要成员。组织中的文化因素比高层管理者发号施令对员工的影响更强。金辉等（2013）又进一步将文化分成社会性文化和团结性文化，并验证了社交性文化会积极影响员工对知识共享的认同，团结性文化在员工对知识共享的内化过程中有积极作用，组织文化通过知识共享的情感承诺影响知识共享并最终影响知识共享意愿。所以组织文化作为一种虚拟的资本，由组织和员工共同塑造，也是企业与员工所共有的资本，良好的文化资本可以帮助企业营造良好的工作氛围，鼓励员工积极工作，同时员工拥有文化资本也帮助其拥有更多经济资本。

2. 员工—企业关系中的文化资本理念创新

共享经济中，作为文化资本身体化状态的另一种体现，在企业领导方式上共享领导的理念再一次引起重视，虽然这个概念早在 1954 年就被 Gibb 提出，但是共享经济背景下的共享理念使得共享领导能更好地发展。有学者总结，共享领导有促进成员满意度、提升成员学习效率、激发成员工作动机和发展意愿等作用。可见作为一种文化的表现形式，其在员工—企业关系中是一种积极的存在，是一种企业愿意采纳且员工愿意争取的富有创新含义的文化资本。对于员工，以往遵循的对企业忠诚的理念转变为职业化忠诚。而员工身上的专业技能可以理解为雇佣关系场域中文化资本的制度化状态，这种制度化状态的文化资本正是企业创造价值所需要的，因此员工会将企业作为客户，为其提供服务，且这种关系在条件适合的情况下完全可以由传统的“一对一”转变为基于平台经济或者共享经济的“一对多”，即员工可以不只受雇于一家企业。

（三）共享经济场域中员工—企业的社会资本

布迪厄在《实践与反思》中将社会资本定义为，个人或群体通过交互和熟识的关系网而积累起来的资源总和。共享经济中的行动者依靠共享平台进行资源共享和可持续发展。正如海尔集团董事局主席张瑞敏将世界作为企业的研发部和人力资源部一样，共享经济时代，企业的经营视野得到了极大的拓展，对于员工—企业场域，可以从企业和员工两个方面进行分析。

1. 企业雇佣来源广泛，雇佣方式多样化、复杂化

对于企业来说，共享经济下企业的雇佣方式已不再拘泥于传统的正式雇佣，根据现有对企业员工雇佣方式的研究可知，虽然还没有在分类过程中刻意加入共享经济背景的文献，但根据学者们对雇佣方式的描述也可以直观地辨别出对应共享经济背景的雇佣方式。根据蒋建武（2016）对多样化用工的分类与定义分析，适于当前共享经济背景下的主要雇佣方式是共同雇佣和合约雇佣。共同雇佣中，中介机构与用人组织签订用人合同，员工受第三方中介机构和企业的共同控制；而合约雇佣中员工与雇主是一种合同关系，双方地位平等。人力资源众包作为一种雇佣非雇员的新方式，是一种在公司人力资源出现缺口的情况下，运用较少成本通过集体智慧在短时间完成企业任务的方法，具有低成本、高灵活性和高生产率的特点。对于如何充分利用雇员的人力资本并避免外部势力对组织造成的不利影响，Robert C.等（2015）从宏观角度分析了人力资源众包，从众包的程度、利弊、企业选择众包的依据到最终众包的实施，进行了详细的分析。Andrea Ellero 等（2015）设计了员工预付费用模型，用于解决在考虑众包工人在闲置和任务未完成时所涉及的总成本时，如何确定最佳工人数量的最小支付。因此，共享经济背景下的企业在通过共享平台获取组织外人力资本时不仅要考虑外部资本给公司管理带来的挑战，由于共享经济带来的前所未有的开放性和透明性，还要注重公平性和激励性。

2. 员工价值提升的社会依赖性和职业精神社会化

对员工来说，首先，共享经济条件下员工的学习行为从企业内部转向企业外部，便捷的网络环境使员工更容易从社会资源中获取社会资本，如员工可通过慕课学习丰富自己的知识储备，提高自身价值。其次，共享经济中的企业从其他企业获取需要的资本比以往更依赖网络平台，何方（2016）指出，网络平台下企业间通过网络建立起一种超越地理区域概念的新型网络化关系，在网络化关系中参与业务的员工由于其效力不仅局限于传统经济模式下的一个企业，而可能是网络化关系中的两个或多个企业，员工在一家企业的任务完成后进入下一家企业的下一个任务，这种员工在企业间的流动，在加速企业间社会资本流动的同时，也充分实现了共享经济场域中员工—企业关系效益的优化，同时企业在运用网络化平台搭建合作机会的同时也促使合作平台工作效率不断提升，特别是在制造和供应企业中，供需方基于合作平台需求和能力共享的频率直接决定合作双方在交易、谈判等环节上的成本情况。企业间的合作关系虽然与员工—企业间的雇佣关系有所不同，但共享经济场域中的合作都基于网络平台这一工具，对合作平台的维护与优化亦将企业与员工的关系撮合得更加紧密。

（四）共享经济场域中员工—企业的符号资本

布迪厄（1998）将符号资本定义为产生于资本物质形式的一种资本形式，由于其借助于资本的物质形式，因而具有很强的辨识性。又由于其符号化的特征有较强的传递性，依据前文中总结的共享经济的相关特征，共享经济的发展高度依赖网络技术，网络环境不仅为员工—企业场域中的符号资本传递创造了条件，更给企业运营符号资本带来了机遇和挑战。

企业声誉对企业来说是一种符号资本，从内部环境分析，从企业声誉的形成过程来看，员工在为客户提供服务的互动过程中构建了企业声誉；从外部环境分析，共享理念使得企业声誉较之以前更加客观、更加广泛地与同行业其他企业出现在互联网环境中，形成一种相对的符号价值，企业形象在社会范围内共享存在，使得员工对这种符号资本的价值认识更客观。所以在共享经济条件下，网络平台使员工与企业的利益关系紧密相连的同时，企业又要保持其在网络平台中符号资本的竞争力来留住员工，研究已经证实良好的企业形象和声誉不仅可以提升员工自信，还可以吸引优秀员工。共享经济的网络平台是把“双刃剑”，员工可以通过网络平台帮助塑造企业声誉，也可以通过网络平台产生破坏作用，所以企业方面，应注意对组织声誉符号资本的保护，有学者还针对员工可能会通过社交媒体损害公司形象而开发了一种度量员工安全使用社交媒体的能力的量表（Yokoyama，2016；Walsh 等，2016）。

（五）共享经济场域中员工—企业的惯习

布迪厄在《实践与反思》中将惯习定义为克服主观主义与客观主义、实证主义唯物论与唯智主义唯心论，明确地构建和理解具有特定“逻辑”的实践活动的方法，它是行动者确定的一种立场，其效应与场域是重合的。

员工关系既包括基于雇佣契约而产生的权利义务关系，也包括社会层面双方间的人际、情感、道义等不成文的传统、习惯及默契等伦理关系，后者取决于布迪厄所说的惯习，即个人和群体在长期实践活动中对场域竞争逻辑所产生的不同感受、体会和认知，进而表现为对其社会行为、生存方式、生活模式、行为策略等的不同选择。新场域冲击着旧惯习，共享经济中社会化网络的出现重构了组织面向用户提供价值的方式，传统基于契约的、单一的、固化的雇佣方式将与更加开放、灵活、自由的协同消费或合作生产关系并立而行，员工—企业之间的关系更多存在于基于平台而合作的陌生人之间，传统管理实践中对于信任与合作的旧惯习面临新的挑战。

梳理共享经济相关文献，学者们对共享经济雇佣关系中企业和员工的特点有许多界定。企业方面：彭剑锋（2014）发现，网络时代人才的企业所有制发生改变，由重拥有人才转变为重使用人才；还有许多学者在文章中提到共享经济中的人力资源是一种更加灵活和自由的松散型人力资源管理（高超民，2015；李艾琳、何景熙，2016）。员工方面：由于企业的松散型人力资源属于半雇佣关系，企业不再像以前那样全面管理员工，一部分管理职责由员工自己完成；同时员工的独立性变强，在决定工作时间和工作强度等工作属性时有较大的自由性（程熙镕，2016；陆胤、李盛楠，2016）。此外，不管是企业还是员工在雇佣关系中的转变，都建立在互相信任的基础之上，企业和员工间的信任是共享成功的关键。

这些学者们在研究中提出的共享经济中员工和企业表现出来的特点，是员工和企业在实践中不断证实的并被各自认可的立场和方法，也就是他们在共享经济下员工—企业场域中行动的惯习。

五、共享经济场域中员工—企业关系的逻辑

为了完整且直观地呈现共享经济下员工—企业场域中各种资本和惯习的相互作用，根据布迪厄对场域理论中资本和惯习的论述，本文总结出的员工—企业场域逻辑如图 1 所示。

如图 1 所示，企业和员工是共享场域中的行动者，由于资本间的相互转换性，共享经济下企业为了争取更多的员工使用权，会让渡一些经济资本制度化形成的企业产权给员工，或者争取外部作为社会资本的、具有独立性和自由性惯习的人力资源，而员工在拥有了足够的经济资本后，可以将经济资本转换成自身需要的文化资本来提升自己为企业服务的能力，吸引新的雇主。同时，企业也可以通过经济资本帮助自己员工提升文化资本，无论企业还是员工的经济资本和文化资本的提升，都会增强他们的社会资本和符号资本，从而又有利于其进行新一轮的资本投资与争取。现实中的这种惯习指导下的资本争取行为的开端与结尾是模糊的，但却实实在在循环往复地发生

着、演进着。

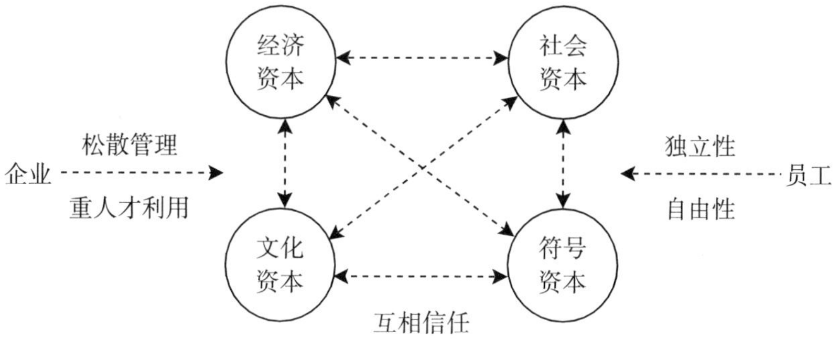

图1　共享经济场域中员工—企业关系逻辑示意图

六、场域理论与其他理论的对比

（一）场域理论与场理论的对比

场理论与场域理论相似却不完全相同，场理论也强调场内行为者的位置以及他们间的相互关系决定他们的活动。但是，与场域理论相比，第一，场理论没有考虑活动者的主观性，也就是场域中提到的行动者惯习，惯习对于行动者活动具有一定的指导作用；第二，场理论强调行动者之间的相互关系变化和变化程度的同时，却没有将引发关系的原因进行定义，在场域理论中明确地归纳并指出了行动者之间的关系是为了各自不同形式的资本而建立起来的。

（二）场域理论与社会交换理论的对比

社会交换理论的主要思想是人们基于自己会获得回报的目的而维持与别人的交换关系，该理论仅限于检验那些从他人处得到回报的行为以及被称为“交易”的过程和被“交换”的关系，而这些过程和关系具有双边、交互、互惠的特征。社会交换理论在交换的内容方面，与场域理论相似，理论中提到的经济和社会资源其实与场域理论中提到的资本类似。社会交换关系更强调行动者之间出于交换而发生的行为，理论对于整个交换过程的整体性的解释没有场域理论全面透彻。

总体来说，场域理论相比于场理论和社会交换理论更全面、更具体、更宏观，更适于解释和理解共享经济背景下的员工—企业关系。

七、案例分析

为进一步说明共享经济场域中员工—企业关系的逻辑，笔者根据收集的关于海尔的二手资料，通过对资料中海尔应对共享经济时代的一些战略变革，对照场域理论的三个主要概念的分析，可以看到场域理论在员工—企业关系中的适用性的形象验证。

海尔车小微是海尔集团推广小微模式的一个例子，是海尔集团旗下综合服务品牌日日顺的一个货运“开放平台”，其商业模式被视为货运界的Uber。海尔车小微秉承海尔“轻资产”理念，以社会的加盟车辆取代自由车辆。这种“轻资产”理念是一种共赢且可持续的理念，使得车小微较容易地获取对外提供货运服务的员工和车辆资源；同时由于员工自己提供货运车辆，也会获得较高的经济资本，有了经济资本，一方面这些加盟车小微的员工可以提升自身的文化资本，另一方面可以将一部分经济资本投入到车辆设备中，这两方面的投入无论是投入到人还是设备上，都会带来车小微对客户服务质量的提升，且加上海尔组织结构的倒三角形设计，使得一线员工从客户处获取的一手需求能更快更准确地传达给组织层，而组织层所需做的就是为员工提供他们为了满足顾客需求所需要的资源和政策。车小微所提供的平台中聚集的企业、服务提供者和客户群体形成一个生态圈，这个生态圈在业界会产生一定影响力，这种影响力的效应既可以被认为是一种社会资本，也可以被认为是一种符号资本。这种效应在车小微长期的运营过程中将会提供许多的便利条件，为车小微可持续地获取经济、文化资本提供了条件。

从海尔车小微“轻资产”的理念再到海尔倒三角形的组织结构，以及“人单合一”的设计，不仅体现了组织对员工的松散化管理和对员工自身改善的管理理念，还体现为车小微工作中员工的自由性和独立性，他们可以自由地加盟车小微，不像在传统货运企业一样依靠企业的车辆提供运输服务，而是拥有自己的车辆，具有一定的独立性。这些都在组织和员工为客户提供服务时塑造着他们的行为和规范，即他们行动的惯习。

八、结　论

布迪厄场域理论为研究共享经济背景下的员工—企业关系提供了新框架与新思路，本文依据场域理论以及现有关于共享经济文献的梳理，得出以下结论：

（1）共享经济背景下，企业和员工既是场域中的行动者，又互为对方争取的资本，企业相对员工的资本表现形式是为其提供社会地位和收入，员工相对企业的资本表现形式是可以为企业创造价值的体力劳动和脑力劳动。

（2）共享经济背景下，企业和员工各自形成新的行为特点，进而成为在这一新兴背景下指导其未来行动的惯习，而在惯习的指导下，企业和员工转换他们已有的资本来争取需要的资本。

（3）整个共享经济场域中的员工—企业关系处于一种看似模糊但却有序且可持续的动态运行状态，这种动态演进与均衡发展的状态亦将有助于共享经济中企业和员工关系和谐、健康和可持续发展。

〔参考文献〕

[1] 代明，姜寒，程磊. 分享经济理论发展动态——纪念威茨曼《分享经济》出版 30 周年［J］. 经济学动态，2014（7）：106-114.

[2] 彭仁贤，韩江波. 分享经济理论的演化：维度、路径与逻辑［J］. 江淮论坛，2013（3）：49-55.

[3] Kathan W.，Matzler K.，Veider V. et al. The Sharing Economy：Your Business Model's Friend or Foe?［J］. Business Horizons，2016，59（6）：663-672.

[4] Mair J.，Reischauer G. Capturing the Dynamics of the Sharing Economy：Institutional Research on the Plural Forms and Practices of Sharing Economy Organizations ［J］. Technological Forecasting and Social Change，2017（6）：20-25.

[5] Frenken K.，Schor J. Putting the Sharing Economy into Perspective［J］. Environmental Innovation and Societal Transitions，2017（23）：3-10.

[6] 张驰，王丹. 分享经济下的组织变革和员工角色定位——基于海尔车小微的案例研究［J］. 中国人力资源开发，2016（6）：12-19.

[7] 皮埃尔·布迪厄，罗克·华康德. 实践与反思——反思社会学导引［M］. 李猛，李康译. 北京：中央编译出版社，1998.

[8] 吴康宁. 制约中国教育改革的特殊场域［J］. 教育研究，2008（12）：16-20.

[9] 宋秋，杨振之. 场域：旅游研究新视角［J］. 旅游学刊，2015，30（9）：111-118.

[10] Greenwood R.，Meyer R. E. Influencing Ideas：A Celebration of DiMaggio and Powell（1983）［J］. Journal of

Management Inquiry, 2008, 17 (4): 258-264.

[11] Golsorkhi D., Leca B., Lounsbury M. et al. Analysing, Accounting for and Unmasking Domination: On Our Role as Scholars of Practice, Practitioners of Social Science and Public Intellectuals [J]. Organization, 2009, 16(6): 779-797.

[12] 彭剑锋. 互联网时代的人力资源管理新思维 [J]. 中国人力资源开发, 2014 (16): 6-9.

[13] 李海舰, 田跃新, 李文杰. 互联网思维与传统企业再造 [J]. 中国工业经济, 2014 (10): 135-146.

[14] Board of Governors of the Federal Reserve System [EB/OL]. 2014-12-12. http: //www.federalreserve.gov/releases/G17/Current/.

[15] Freitag M., Becker T., Duffie N. A. Dynamics of Resource Sharing in Production Networks [J]. CIRP Annals-Manufacturing Technology, 2015, 64 (1): 435-438.

[16] Godechot O., Senik C. Wage Comparisons in and out of the Firm. Evidence from a Matched Employer-employee French Database [J]. Journal of Economic Behavior and Organization, 2015, 117 (117): 395-410.

[17] 宫留记. 布迪厄的社会实践理论 [D]. 南京: 南京师范大学, 2007.

[18] Buckman R. H. Knowledge Sharing at Buckman Labs[J]. Journal of Business Strategy, 1998, 19 (1): 11-15.

[19] De Long D. W., Fahey L. Diagnosing Cultural Barriers to Knowledge Management [J]. Academy of Management Executive, 2000, 14 (4): 113-127.

[20] Tohidi H., Jabbari M. M. Organizational Culture and Leadership [J]. Procedia-Social and Behavioral Sciences, 2012: 856-860.

[21] Jarnagin C., Slocum J. W.Creating Corporate Cultures Through Mythopoetic Leadership [J]. Organizational Dynamics, 2007, 36 (3): 288-302.

[22] 金辉, 杨忠, 黄颜婷等. 组织激励、组织文化对知识共享的作用机理——基于修订的社会影响理论 [J]. 科学学研究, 2013, 31 (11): 1698-1707.

[23] Gibb C. A. Leadership [M]. Hand-Book of Social Psychology , 1954.

[24] 接园, 孙晓敏, 费蕾诗. 共享领导的研究回顾与展望 [J]. 软科学, 2016, 30 (6): 79-82.

[25] Cappelli P., Keller J. R. Classifying Work in the New Economy [J]. Academy of Management Review, 2013, 38 (4): 575-596.

[26] 蒋建武. 雇佣关系变革下的多样化用工安排——管理控制视角的研究[J]. 经济管理, 2016 (4): 159-167.

[27] Howe J. The Rise of Crowdsourcing [J]. Wired Magazine, 2006, 14 (6): 1-4.

[28] Ford R. C., Richard B., Ciuchta M. P. Crowdsourcing: A New Way of Employing Non-employees? [J]. Business Horizons, 2015, 58 (4): 377-388.

[29] Ellero A., Ferretti P., Furlanetto G. Realtime Crowdsourcing with Payment of Idle Workers in the Retainer Model [J]. Procedia Economics & Finance, 2015, 32: 20-26.

[30] 何方. 新型社群与共享经济的持续发展 [J]. 浙江学刊, 2016 (6), 215-221.

[31] Moghaddam M., Nof S. Y.Combined Demand and Capacity Sharing with Best Matching Decisions in Enterprise Collaboration [J]. International Journal of Production Economics, 2014: 93-109.

[32] George W. R. Internal Marketing and Organizational Behavior: A Partnership in Developing Customer-conscious Employees at Every Level [J]. Journal of Business Research, 1990, 20 (1): 63-70.

[33] Helm S. One Reputation or Many[J]. Corporate Communications: An International Journal, 2013 (5): 35-42.

[34] Riordan C. M., Gatewood R. D., Bill J. B. Corporate Image: Employee Reactions and Implications for Managing Corporate Social Performance [J]. Journal of Business Ethics, 1997, 4 (16): 401-412.

[35] Gotsi M., Wilson A.Corporate Reputation Management: "Living the Brand" [J]. Management Decision, 2001, 39 (2): 99-104.

[36] Yokoyama M. H. How Social Network Sites (SNS) Have Changed the Employer-employee Relationship and What Are the Next Challenges for Human Resource (HR) [J]. REGE-Revista de Gestão, 2016, 23 (1): 2-9.

[37] Walsh G., Schaarschmidt M., Von Kortzfleisch H. F. Employees Company Reputation-related Social Media Competence: Scale Development and Validation [J]. Journal of Interactive Marketing, 2016: 46-59.

[38] 高超民. 分享经济模式下半契约型人力资源管理模式研究——基于 6 家企业的多案例研究[J]. 中国人力资源开发，2015（23）：16-21.

[39] 李艾琳，何景熙. 共享经济视角下人力资源管理职能的变革——以华为 HRBP 为案例［J］. 中国人力资源开发，2016（24）：54-57.

[40] 程熙镕，李朋波，梁晗. 共享经济与新兴人力资源管理模式——以 Airbnb 为例［J］. 中国人力资源开发，2016（6）：20-25.

[41] 陆胤，李盛楠.分享经济模式对传统劳动关系的挑战——美国 Uber 案和解的一些借鉴［J］. 中国劳动，2016（16）：45-51.

[42] Lewin K. Frontiers in Group Dynamics II. Channels of Group Life; Social Planning and Action Research [J]. Human Relations，1947，1（2）：143-153.

[43] Eysenck H. J.，Lewin K. Field Theory in Social Science [J]. British Journal of Sociology，1952，3（4）.

[44] Blau P. M. Interaction：Social Exchange [J]. International Encyclopedia of the Social Science，1968（7）：452-458.

[45] Emerson R. M. Social Exchange Theory [J]. Annual Review of Sociology，1976（2）：335-362.

[46] 戴天婧，汤谷良，彭家钧. 企业动态能力提升、组织结构倒置与新型管理控制系统嵌入——基于海尔集团自主经营体探索型案例研究［J］. 中国工业经济，2012（2）：128-138.

[47] 章凯，李朋波，罗文豪，张庆红，曹仰锋. 组织—员工目标融合的策略——基于海尔自主经营体管理的案例研究［J］. 管理世界，2014（4）：124-145.

Suitability of Field Theory in Employee-Employer Relationship Analysis: Based on Sharing Economy

ZHANG Jie　BI Yanzhao

(College of Economics and Management, Nanjing University of Aeronautics and Astronautics, Nanjing　210016)

Abstract: New organizations risen from sharing economy are becoming important industrial forces and reconstructing business model. Accordingly, the employee relations and management pattern in these new organization are also undergoing many changes. In order to find the logic of these change and the fu ture development trend, theoretical exploration are necessary. Bourdieu's practice theory in the discipline of sociology is applied as a tool in the theoretical exploration, which takes "field-capital-relationship-practice" as the framework. Firstly, take the employer and employee as the actors of the field, analysis their economic, cultural, social and symbolic capital in the field, and thus the habit what will guide the action of employer and employee. Secondly, untangle the logic of relationship of employer-employee under the sharing economy, which will be compared with other similar theories. Finally, a simple case will be analyzed to confirm the applicability of Bourdieu's practice theory in analyzing the relationship between employer and employee under the sharing economy. It also offers a new method or perspective to research employer-employee relationship.

Key Words: Sharing Economy; Employee-Employer relationship; Filed Theory

政府部门道德型领导对公务员积极行为影响的实证研究

胡 婧 李超平

（中国人民大学公共管理学院，北京 100872）

［摘 要］公务员队伍是我国全面建设社会主义现代化强国的中坚力量，但是部分公务员却存在庸政、懒政、怠政等行为。中国特色社会主义建设需要公务员表现出更多积极行为，本文通过对594名公安干警的问卷调查，研究了政府部门道德型领导对公务员积极行为的影响，以及公务员道德认同的中介作用和领导—成员交换关系的调节作用。运用SPSS 24.0和R进行统计分析，研究发现：①政府部门道德型领导能够显著影响下属积极行为；②在政府部门中，公务员道德认同部分中介了道德型领导与下属积极行为之间的关系；③领导—成员交换关系在道德型领导与下属积极行为的关系中具有显著的正向调节作用。研究结论丰富了政府部门背景下道德型领导作用效果与作用机制的研究成果，对政府部门培养道德型领导和促进公务员积极行为具有指导意义。

［关键词］道德型领导；积极行为；道德认同；领导—成员交换关系

一、问题的提出

随着中国特色社会主义进入新时代，我国社会主要矛盾已经转化为人民日益增长的美好生活需要和不平衡不充分的发展之间的矛盾。新的社会主要矛盾的提出对我国政府机关及各级公务员的执政能力提出了更高的要求，中国特色社会主义建设需要一支恪尽职守、夙夜在公、主动作为、善谋勇为的人才队伍。我国目前的公务员队伍不乏优秀人才，他们“信念坚定、为民服务、勤政务实、敢于担当、清正廉洁”，是难得的“好干部”。但是，仍然有部分公务员没有积极投入到改革的大局中，在工作中被动应付，存在庸政、懒政、怠政行为，未能表现出公务员应有的积极行为，削弱了政府的公信力。因此，有必要去对公务员积极行为的促进因素进行研究，为制定相关改进政策与制度提供理论依据和实践指导。目前，学术界已经有大量的研究开始关注如何提高员工的积极行为，但是大多集中在如何提高企业员工的积极行为，提升公务员积极行为的研究还相对较少。同时已有少数研究发现，领导行为是下属积极行为的重要前因变量之一。因此，本文拟从中国这一特殊的文化背景出发，研究政府部门领导行为对公务员积极行为的影响。习近平总书记曾反复强调，选拔干部要坚持德才兼备、以德为先的标准。学术界最近也开始关注领导的

［基金项目］国家自然科学基金项目（71372159、71772171）；本成果受到中国人民大学“统筹推进世界一流大学和一流学科建设”专项经费的支持。

［作者简介］胡婧，中国人民大学公共管理学院，2016级博士研究生，研究方向：组织行为、人力资源管理，电子邮箱：bjjyhujing@126.com，联系电话：13381079387。李超平，通讯作者，中国人民大学公共管理学院教授、博士生导师，研究方向：组织行为、人力资源管理，电子邮箱：lichaoping@ruc.edu.cn。

“德”，并提出了一种新型的领导理论：道德型领导。道德型领导强调领导者与下属双向互动过程中的道德引导。但是在以往的研究中，学者们更多关注下属道德行为（如组织公民行为、道德认同和道德决策）以及非道德行为（反生产行为和越轨行为），对道德型领导与下属积极行为的研究还比较有限。

基于以上背景，本文拟在我国政府部门进行如下研究：第一，考察道德型领导对公务员积极行为的影响；第二，探索道德认同在道德型领导与公务员积极行为之间的中介作用；第三，检验领导成员交换关系在道德型领导作用于公务员积极行为过程中的调节作用。

二、理论基础和研究假设

（一）道德型领导和积极行为

道德型领导是指领导者在与下属交往过程中展现出符合伦理规范的个人行为，并通过双向沟通、强化和决策制定等管理过程在企业内促进下属表现出类似行为的领导风格。我国政府部门一直强调道德建设，提升党政领导干部的道德修养。近年来，已有学者提出道德修养是我国政府部门领导干部的胜任力之一。因此，越来越多的研究开始关注道德型领导的作用，现有的实证研究已经证实道德型领导可以促进员工的建言行为、负责任行为和创新行为这些积极性的行为，但是对下属总的积极行为模式的研究仍然被忽视。

积极行为（Proactive Behavior）是指个人主动改善现状，创造美好未来的一种行为模式，也可称为前瞻性行为、主动性行为。此概念强调的是主动挑战现状，而不是被动适应现状。积极行为是一种主动改变和提升工作现状的行为，其有助于个人绩效和组织绩效的提升。积极行为模式按照实现目标来划分可以分为三大类：第一类为积极工作行为，包括个人创新行为、建言行为和负责任行为等；第二类为积极战略行为，包括战略扫描行为（Strategic Scanning）、议题推销行为等；第三类为积极的人—环境匹配行为，包括反馈寻求，职业主动性行为等。综观这三类积极行为，都具有预见性、变革性、控制性和自发性四种特点。预见性指该积极行为是提前采取的；变革性则强调所采取的积极行为对现状进行改变或挑战；控制性是指该积极行为可以控制相关情境因素；自发性是积极行为的核心本质，强调个体主动采取行为。积极行为的产生主要来自两个方面的影响，一方面来自个体因素，另一方面来自情境因素。由于下属的年龄、性别、知识结构、素质能力和人格特性不同，会对事物产生不同的理解和判断，对工作会产生不同的态度，从而会影响积极行为的产生与否。除受个体因素的影响外，积极行为也会受情境因素的影响，如工作设计、领导行为和同事关系等。

按照上述逻辑，领导行为会对下属积极行为产生影响。已有实证研究证明，当上级领导具有积极行为特点时，会通过榜样扮演引导下属模仿积极行为。道德型领导强调的是领导自身具有正直、公正、诚实、守信、关心下属等特征。这些道德特征促进了上级领导的积极行为。按照社会学习理论，人的行为是后天习得的，下属对领导的模仿和学习，使得下属表现出类似的特征。具体来说，道德型领导向员工传递其所处的组织情境信息的同时，也为下属树立了一个积极行为的榜样，激励员工通过学习和模仿自发地产生积极行为。基于以上分析，本文提出如下假设：

假设 1：道德型领导对下属积极行为具有显著正向影响。

（二）道德认同的中介作用

学者 Blasi（1983）认为，道德认同是指道德与自我体系之间的融合，这种融合使道德观与个人认同感在一定程度上达到统一。随后 Hardy（2006）在 Blasi（1983）的研究基础上提出道德认同是由一系列道德特质组织起来的关于自我概念的认知图式，体现了道德品质对于个体认同的重要性程度。已有实证研究表明，领导者通过传达一些行为特征（口头和非口头）来影响下属的行为。例如，道德型领导在各种情况下都使用道德型语言会激励下属的道德认同。虽然 Shao 等（2008）认为道德认同是一种相对稳定的个体差异，但是实证研究证明道德认同的强弱受到情境因素的影响。按照社会学习理论，下属会模仿和学习道德型领导，道德型领导的价值观、偏好、情绪反应和行为都成为模仿的内容，在此过程中，下属渴望成为一个道德的人，因此更重视自己的道德特征。同理，道德型领导会通过自身行为和双向互动不断表现出道德品质，在这个过程中不断加深下属对道德品质的感知，随着程度的加深，下属对道德品质的认同也会不断加强。基于以上分析，本文提出如下假设：

假设 2：道德型领导对下属道德认同具有显著正向影响。

道德认同是通过植根于人的内在化的对错观念的自我调节机制来影响道德行为的。由此可以说明，道德认同具有自我调节机制，能够调节个人的态度和行为。实证研究表明，道德认同与个人的慈善捐助、下属的道德调节焦点都具有紧密联系，但是对于道德认同能否促进积极行为的研究仍需进一步补充。公务员的积极行为与其他员工行为不同，其具有自发性的特征，这种自发性的特征需要公务员内心的认同才能产生。研究证实，道德认同感高的下属会减少自利动机，更容易产生利他行为，符合我国政府部门所强调的奉献主义，公务员只有具有奉献精神，才能从内心深处更愿意主动探索新的提供公共服务的手段、方法和技术等。因此，我们基于以上分析，提出如下假设：

假设 3：道德认同对下属积极行为具有显著正向影响。

如上文所述，公务员的积极行为与自身的认同心理和感知紧密相关。当下属缺乏道德认同时，下属会减少对具有道德品质的道德型领导的信任，按照社会交换理论，下属对领导者的回报也只是限定在契约范围内的“经济性交换”，员工的态度和工作将缺乏一种自发性特点。同理，这种不信任会减弱下属的依恋感，从而使下属在工作中产生不安全感，因此他们更愿意选择做好本分之事，而不是主动积极地解决难题，他们会选择谨小慎微、循规蹈矩地工作，避免工作中出错，而不是努力提高自己的工作效能。综上所述，道德型领导作为下属学习的榜样，通过和下属之间的双向互动，增加了下属的道德认同，从而产生道德动机，抑制内心负面情绪，潜移默化地影响下属主动投入工作，积极主动地寻找解决问题的办法，不断改进工作方式方法等积极行为模式。因此，基于以上分析，本文提出如下假设：

假设 4：道德认同在道德型领导与下属积极行为之间起中介作用。

（三）领导—成员交换关系的调节作用

按照社会交换理论，领导—成员交换关系（LMX）包含了“社会性交换”和“经济性交换”两种，虽然都反映了领导和下属之间的交换关系，但是两者在交换方式、主要内容和目标导向上都有所不同。所谓“经济性交换”是按照契约的约定进行的交易，依赖于工作协议的具体规定和明确的职责范围，给予下属相应的经济性回报；而“社会性交换”是超出契约的一种社会交换，这种交换是建立在领导者与下属之间相互信任的基础上的。当具有高质量的领导—成员交换关系时，下属能够得到更多的信任、支持和特权，比如工作自主性、灵活性，更多的升迁机会和报酬，这些下属也可以称为“圈内人”（In-group Member），其他不属于“圈内人”的下属称为“圈外人”（Out-group Member）。按照互惠原则，在高质量的领导—成员交换关系中，领导者和下属之间会呈现出“情感性交换”，下属从内心深处更愿意配合领导工作，在工作中更加积极。现有研究已经证实了高质量的领导成员交换关系有助于下属产生良好的态度和行为。

按照社会交换理论，当下属感知领导对自己的关心和支持时，往往会对领导者产生一种信任，这种信任感促进下属认同领导者所表现出的领导品质和特征。具有高质量的领导—成员交换关系时，下属可以获得领导更多的信任和支持，从而对领导者产生强烈的信任感和依恋心理，更认同领导者所表现出的个人品质和行为。因此，本文认为领导—成员交换关系可以影响道德型领导的作用。基于上述分析，我们提出下列假设：

假设 5：领导—成员交换关系在道德型领导与道德认同关系中具有显著的调节作用，即当领导—成员交换关系越高时，道德型领导与道德认同之间的正向关系越强。

结合上文所述，本文进一步提出，道德认同中介了道德型领导与道德认同的交互作用对下属积极行为的影响。具体而言，在面对道德型领导时，在高质量的领导—成员交换关系中，下属积极行为之所以发生较大的变化，原因在于他们道德认同的显著增加，因此，本文提出下列假设：

假设 6：道德型领导与领导—成员交换关系之间的交互作用通过道德认同的中介作用，进而影响下属的积极行为。

综上所述，本书的理论框架如图 1 所示：

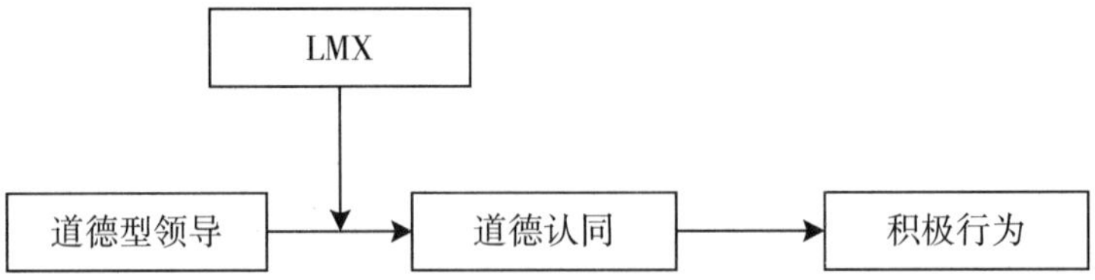

图 1　本文的理论框架

三、研究设计

（一）研究样本和程序

本文选取警察这一公务员群体作为研究对象，采用纸质版和网络版两种方式收集数据。其中纸质版的研究对象包括北京、天津、江苏三地的四个警察部门①，均为笔者现场发放并回收，共发放纸质版问卷 500 份，回收 410 份，其中有效问卷 372 份，有效回收率 90.7%；网络版问卷共回收 246 份，其中有效问卷 222 份，有效回收率 90.2%。

本次调查共回收 656 份问卷，其中有效问卷 594 份，有效回收率达到 90.5%。有效问卷中，在性别分布上，男性 434 人，所占比例为 73.1%；女性 160 人，所占比例为 26.9%。在年龄结构上，24 岁及以下为 27 人，所占比例为 4.6%；25~34 岁为 366 人，所占比例为 61.6%；35~44 岁为 132 人，所占比例为 22.2%；45~54 岁为 61 人，所占比例为 10.3%；55 岁及以上为 8 人，所占比例为 1.3%。在受教育程度上，大专及以下学历为 40 人，所占比例为 6.7%；本科为 380 人，所占比例为 64%；硕士及以上 174 人，所占比例为 29.3%。工作年限上，10 年及以下为 390 人，所占比例为 65.7%；11~20 年为 123 人，所占比例为 20.7%；21~30 年有 59 人，所占比例为 10%；31 年及以上为 22 人，所占比例为 3.7%。在职级方面，科员及以下为 353 人，所占比例为 59.4%；副科为 137 人，所占比例为 23.1%；正科为 64 人，所占比例为 10.8%；副处级及以上为 40 人，所占比例为 6.7%。

① 本文采用方便取样的方法，选取北京、天津和江苏三地的四个警察部门，其中江苏包含连云港和昆山两地两个警察部门。

（二）测量工具

本文的所有英文量表均遵循标准的翻译和回译（Translation and Back Translation）程序。在大规模调研之前，本文选取北京地区的部分警察机关进行了预调查，对一些基层民警和领导进行了访谈，来确保问卷中的条目与我国警察机关的实际情况相符，最终形成了本文的问卷。

（1）道德型领导：本文采用 Brown 等（2005）开发的量表来进行测量，该量表共有 10 个题项，采用李克特五点量表进行评价，“1”为非常不同意，“2”为不同意，“3”为不确定，“4”为同意，“5”为非常同意。本文中，量表的信度为 0.93。

（2）道德认同：本文改编了 Aquino 和 Reed（2002）开发的量表来进行测量，原量表包括内在化（Internalization）和表征化（Symbolization）两个维度。一些研究表明，在中国情境下，内在化维度更符合中国道德认同的定义。因此，本文只采用内在化维度的五个题项对道德认同进行测量。本量表采用李克特五点量表进行评价，“1”为非常不同意，“2”为不同意，“3”为不确定，“4”为同意，“5”为非常同意。本文中，量表的信度为 0.82。

（3）领导—成员交换关系：本文采用 Wang 等（1997）开发的量表进行测量，该量表共有七个题项，采用李克特五点量表进行评价，“1”为非常不同意，“2”为不同意，“3”为不确定，“4”为同意，“5”为非常同意。本文中，量表的信度为 0.90。

（4）积极行为：本文借鉴 Frese 等（2014）开发的量表进行测量，考虑我国的文化特色与政府部门的实际情况，采用了原有量表中的前六题，该量表采用李克特五点量表进行评价，“1”为几乎不，“2”为偶尔，“3”为经常，“4”为频繁，“5”为非常频繁。本文中，量表的信度为 0.87。

（三）问卷的效度分析

为了检验本文所涉及变量的区分效度，我们对道德型领导、道德认同、领导—成员交换关系和积极行为进行了验证性因子分析。从模型结果来看（见表 1），四因子模型相对其他三个模型对实际数据拟合得最为理想（RMSEA 小于 0.08，CFI、TLI 大于 0.9，χ^2/df 小于 5 略大于 3），说明以上四个变量区分效度较好，可以代表四个不同的构念。

表 1　验证性因子分析结果（N=594）

模型	χ^2	df	χ^2/df	CFI	TLI	RMSEA
四因子模型（EL，MI，LMX，PB）	1272.90	344	3.70	0.91	0.91	0.07
三因子模型（EL+MI，LMX，PB）	2179.06	347	5.83	0.83	0.82	0.09
二因子模型（EL+MI+LMX，PB）	2407.25	349	6.90	0.81	0.79	0.10
单因子模型（EL+MI+LMX+PB）	5298.33	377	14.05	0.56	0.53	0.15

注：EL =道德型领导，MI=道德认同，LMX=领导—成员交换关系，PB=积极行为。

四、研究结果

（一）研究变量的描述性统计结果

表 2 报告了本文所涉及变量的均值、标准差和 Pearson 相关系数。从表 2 中可以看出，道德型领导与积极行为显著正相关（$r=0.35$，$p<0.01$），道德型领导与道德认同显著正相关（$r=0.26$，$p<0.01$），道德认同与积极行为显著正相关（$r=0.35$，$p<0.01$），该结果符合我们的理论预期。

表 2　各变量的均值、标准差及相关系数（N=594）

变量	平均分	标准差	1	2	3	4
1. 道德型领导	3.34	0.79	(0.93)			
2. 道德认同	4.26	0.58	0.26**	(0.82)		
3. 领导—成员交换关系	3.32	0.73	0.82**	0.28**	(0.90)	
4. 积极行为	3.16	0.74	0.35**	0.35**	0.37**	(0.87)

注：* 表示 $p<0.05$，** 表示 $p<0.01$（双尾检验）；对角线括号内数字表示量表的内部一致性系数。

（二）道德型领导与积极行为的关系检验

道德型领导对下属积极行为的回归结果证明了道德型领导对下属积极行为具有显著的正向影响（$\beta=0.330$，$p<0.001$），因此假设 H1 得到验证（见表 3）。

表 3　道德型领导对下属积极行为的回归分析（N=594）

模型		未标准化系数		标准化系数	T	显著性
		β	标准误差	Beta		
1	常数	1.716	0.202		8.505	0.000
	道德型领导	0.330	0.035	0.360	9.415	0.000
因变量：积极行为						

（三）道德认同的中介作用的检验

本文依据魏忠麟等（1991）提出的中介效应的检验方法进行检验。第一步：检验方程 $Y=cX+e1$ 的系数 c 是否显著；第二步：检验方程 $M=aX+e2$ 的系数 a 和方程 $Y=c'X+bM+e3$ 的系数 b 是否显著；第三步：如果系数 a 和 b 都显著，检验方程中的 c′是否显著，如果 c′不显著则说明只有中介效应，如果显著则进行第四步；第四步：比较 ab 和 c 的符号，如果同号，属于部分中介效应，如果异号则不属于中介效应。

上文已经证实道德型领导对下属积极行为具有显著的正向影响（$\beta=0.330$，$p<0.001$），第一步得到证实，继续进行下一步检验。表 4 的模型 1 显示道德型领导对下属的道德认同具有显著的正向影响（$\beta=0.183$，$p<0.001$），假设 2 得到证实。模型 2 显示道德认同对下属的积极行为也具有显著的正向影响（$\beta=0.315$，$p<0.001$），假设 3 得到证实。由此可见，检验第二步中检验方程 $M=aX+e2$ 的系数 a 和方程 $Y=c'X+bM+e3$ 的系数 b 均为显著。在模型 2 中，道德型领导对下属的积极行为具有显著的正向影响（$\beta=0.261$，$p<0.001$），由此可以看出，ab 和 c’符号相同，道德认同在道德型领导与下属积极行为之间起中介作用，假设 4 得到验证。

（四）领导—成员交换关系的调节作用的检验

本文主要采用层次回归分析的方法进行调节作用检验。为使回归方程的系数更具有解释意义，本文先将道德型领导和领导—成员交换关系进行中心化处理，再计算交互效应项。本文具体按照以下步骤进行检验：首先，检验道德型领导对下属积极行为的影响；其次，考察道德型领导和领导—成员交换关系二者共同对下属积极行为的影响；最后，将道德型领导、领导—成员交换关系和两者的交互项放入方程中，检验以上变量对下属积极行为的影响，如果交互项系数显著，说明存在调节作用。具体结果如表 5 所示。

表 4　道德认同在道德型领导与下属积极行为之间中介作用的检验结果（N=594）

模型		未标准化系数		标准化系数	T	显著性
		β	标准误差	Beta		
1	常数	3.289	0.166		19.840	0.000
	道德型领导	0.183	0.029	0.252	6.345	0.000
因变量：道德认同						
2	常数	0.908	0.212		4.292	0.000
	道德型领导	0.261	0.035	0.286	7.399	0.000
	道德认同	0.315	0.049	0.249	6.460	0.000
因变量：积极行为						

表 5　领导—成员交换关系的调节作用的检验（N=594）

模型		未标准化系数		标准化系数	T	显著性
		β	标准误差	Beta		
1	常数	3.121	0.028		113.129	0.000
	道德型领导	0.128	0.061	0.140	2.080	0.038
	领导—成员交换关系	0.255	0.067	0.257	3.817	0.000
2	常数	3.043	0.032		95.443	0.000
	道德型领导	0.170	0.061	0.186	2.784	0.006
	领导—成员交换关系	0.261	0.066	0.262	3.964	0.000
	交互	0.164	0.035	0.181	4.653	0.000
因变量：积极行为						

道德型领导对下属积极行为具有显著的正向影响已在上述分析中得到证实。同时，表 5 中模型 1 证实了道德型领导和领导—成员交换关系对下属的积极行为均具有显著的正向影响，回归系数分别为 $\beta=0.128$（$p<0.05$）和 $\beta=0.255$（$p<0.001$）。为了进一步检验调节作用，本文在模型 2 中加入了交互项，结果表明，该交互项的回归系数为（$\beta=0.164$，$p<0.001$），并且 $\Delta R^2=0.030$（$p<0.001$）。依据前文的检验步骤可以判断出，领导—成员交换关系在道德型领导与道德认同二者关系中具有显著的正向调节作用，假设 5 得到证实。

本文借鉴 Aiken 和 West（1991）的做法，将领导—成员交换关系的均值加减一个标准差，并将计算后的值带入回归方程，据此结果绘制调节效应图（见图 2）。从结果可以看出，对低 LMX（低于平均值的 1 个标准差）的下属来说，道德型领导对道德认同的影响不显著（$\beta=0.03$，$p>0.05$）。对中 LMX 的下属来说，道德型领导对道德认同具有显著的正向影响（$\beta=0.11$，$p<0.05$）。对高 LMX（高于平均值的 1 个标准差）的下属来说，道德型领导对道德认同具有显著的正向影响（$\beta=0.18$，$p<0.01$）。该结果也证实了我们的假设 5，说明在 LMX 较高的情况下，道德型领导对于下属道德认同的积极作用更为明显。

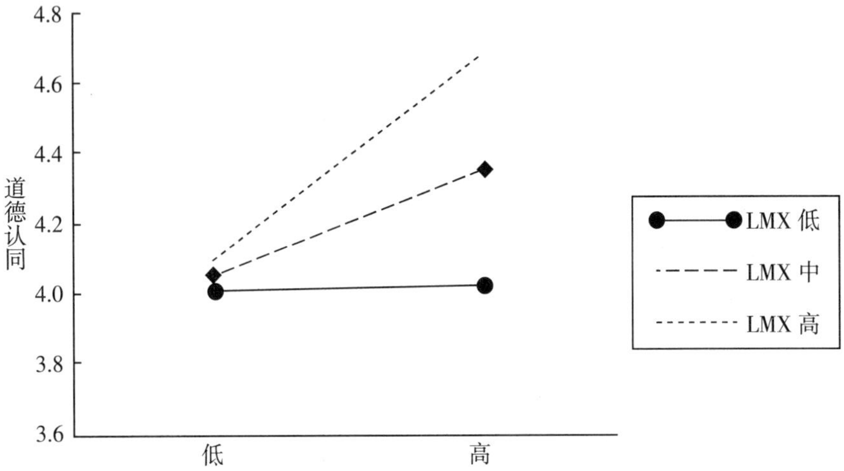

图 2　LMX 在道德型领导与道德认同关系中的调节作用

（五）被调节的中介效应的检验

为了进一步检验被调节的中介效应，本文运用 PROCESS 插件的 BOOSTRAP 程序进行检验，BOOSTRAP 次数为 5000。结果显示，被调节的中介效应值为 0.03，95% 的置信区间为 [0.01，0.16]，说明存在被调节的中介效应，假设 6 得到支持。

五、研究结论与启示

（一）研究结论

本文首次以我国政府部门为研究背景，以 594 名警察为研究样本，检验了道德型领导对公务员积极行为的影响，并首次探索了道德认同的中介作用以及领导—成员交换关系的调节作用。本文的研究结果表明，道德型领导与公务员的积极行为显著正相关，该结论证实了道德型领导是促进下属进行积极行为的重要情境因素。此结论说明领导在激发下属进行积极行为时，不一定需要运用硬性管理手段，引导手段在某种程度上也会产生一定的影响。同时，积极行为具有自发性和控制性的特点，领导者若过于强调管理和控制，可能会在一定程度上影响下属的自发性。本文证实了道德认同在道德型领导与下属积极行为之间起到中介作用。此结果也再次验证了社会学习理论，即道德型领导在工作乃至生活中树立道德榜样，下属通过学习和模仿领导行为，内化对道德的认同，在这种潜移默化的影响过程中转变自己的态度和行为，从而产生积极行为。本文的结果也证明了领导—成员交换关系在道德型领导通过道德认同作用于下属积极行为的边界效应。我国是一个“强关系”社会，上下级关系越紧密，就越容易得到上级更多的照顾，同时下属在得到更多支持的同时也会表现出等值的反馈行为。我国政府部门中，领导—成员交换关系程度越高（关系越近），下属与领导接触的机会越多，更能全方面地了解领导，越能感受到领导的道德品质，下属就越容易认同领导的道德品质。这种现象存在的根本原因是领导—成员交换关系程度影响了下属的心理和认知，程度越高，下属越容易产生“情感回报”，进而回报积极的工作行为。

（二）管理启示

本文在管理实践方面也具有一定的现实意义：

第一，本文的研究表明道德型领导可以促进公务员的积极行为。因此，在政府部门中要注重开发道德型领导风格，在选人环节中，要贯彻“德才兼备，以德为先”的选拔标准，将“道德品质”作为选拔领导干部的一个重要指标。同时，要优化选拔途径，将选拔过程和选拔目标紧密结合在一起，要近距离考察备选干部，将选拔人才的权力下放到地方和单位，选拔出真正“德才兼备”的好干部。除在内部选拔道德型领导外，也需在人才引进过程中关注“道德品德”，将具有真才实学又具有道德品质的优秀人才招入我们的领导干部队伍中去。同时，政府部门也需要注重领导干部道德品质的培养，经常性地举办领导干部培训班，加强理论学习，提高道德修养，同时要完善领导干部的政绩考核评价体系，让领导干部时刻注重道德品质的培育。最后，政府部门也需要完善对领导干部道德品质的监督机制，健全党内监督、群众监督和媒体监督多渠道监督机制，通过监督及时发现问题、纠正问题，确保政府部门领导干部的道德水平。

第二，道德认同在道德型领导与下属积极行为中起到了中介作用。因此，对公务员也要加强道德引导，增加他们的责任感，不断提高道德修养，并在此基础上提升公务员的道德认同水平。研究证明，道德认同是道德型领导影响下属积极行为的关键环节，帮助政府部门更深刻地认识到加强全体公务员道德建设的重要性，为政府部门的管理提供了实证证据。在工作中，各级领导干部在思想上要认清公务员道德品质的重要性，在工作中注重自身的道德引导，在与下属的沟通交流过程中以及决策的过程中体现自己的道德品质，同时政府部门也要创新方式方法，加强全体公务员的道德学习，在学习中不断提高自身的道德修养。扩大“德”在公务员考核指标中的比重，促进公务员的道德认同水平的提高，提升工作责任感，促进公务员积极工作、勇于担当、主动作为。只有提升下属的道德认同程度，才能让其在工作中以积极向上的态度投入工作，产生积极的行为模式。

第三，本文发现领导成员交换关系能够调节道德型领导与下属积极行为之间的关系。换言之，领导成员交换关系会增强道德型领导对下属积极行为的作用。因此，政府部门应该在塑造道德型领导时注重上下级的关系。对政府部门而言，在培育道德型领导时同样要关注上下级关系，对于领导者自身而言，要平衡上下级之间的关系，以获得下属更多的认同，促进下属积极行为的产生。政府部门在开发道德型领导时，将下属对领导干部的评价纳入考核体系当中来，鼓励领导干部与下属建立良性的上下级关系。领导干部自身也要注意单位内部的上下级关系的处理，与下属建立良好的交换关系，在工作和生活中信任和支持下属，帮助下属解决工作和生活中的问题，构建良好的交换关系，促使下属更能发现、理解、内化领导干部的道德品质，增加道德认同感，从而更愿意主动投入工作。各级领导干部要树立强烈的人才意识，营造良好的人际关系氛围，科学合理地使用人才，通过引进优秀人才提高政府执政能力。

（三）局限性和未来展望

本文依然存在一定的局限性：首先，在研究设计方面，本文采用的横截面的研究设计对于解释变量之间的因果关系存在一定的局限性。道德型领导通过道德认同来影响下属积极行为实际上包含了一定的时间效应，因此未来可以采用纵向追踪方式来收集数据，使得变量之间的因果关系更为明晰。其次，本文的数据收集来源于民警的自我报告，这样可能造成同源偏差，虽然本文运用验证性因子检验了区分效度，证明了各变量之间的区分效度较好，不存在同源偏差，但是未来的研究可以采用配对的数据进行研究，更好地避免同源偏差的出现。

〔参考文献〕

[1] Hwang P., Han M., Chiu S. Role Breadth Self-Efficacy and Foci of Proactive Behavior: Moderating Role of Collective, Relational, and Individual Self-Concept [J]. Journal of Psychology, 2015, 149 (8): 846-865.

[2] Qiu M., Hu B., Zhang X. et al. Employees' Psychological Ownershipand Self-efficacyas Mediators between

Performance Appraisal Purposeand Proactive Behavior [J]. Social Behaviorand Personality, 2015, 43 (7): 1101-1109.

[3] Strauss K., Parker S. K., O'Shea D. When Does Proactivity Have a Cost? Motivation at Work Moderates the Effects of Proactive Work Behavior on Employee Job Strain [J]. Journal of Vocational Behavior, 2017 (100): 15-26.

[4] 郑楠，周恩毅. 我国基层公务员的公共服务动机对职业幸福感影响的实证研究 [J]. 中国行政管理，2017 (3): 83-87.

[5] 朱瑜，黄丽君，曾程程. 分布式领导是员工主动行为的驱动因素吗？——一个基于多重中介效应模型的检验 [J]. 外国经济与管理，2014 (9): 38-51.

[6] 涂乙冬，陆欣欣，郭玮等. 道德型领导者得到了什么？道德型领导、团队平均领导？部属交换及领导者收益 [J]. 心理学报，2014 (9): 1378-1391.

[7] 梁建. 道德领导与员工建言：一个调节—中介模型的构建与检验 [J]. 心理学报，2014 (2): 252-264.

[8] 刘蕴. 道德型领导对员工帮助行为的影响机制——基于自我概念的视角 [J]. 经济管理，2016 (1): 84-93.

[9] 王震. 社会学习还是社会交换？——道德型领导对下属工作绩效的作用机制 [J]. 经济管理，2014 (8): 89-97.

[10] Chen A. S., Hou Y. The Effects of Ethical Leadership, Voice Behavior and Climates for Innovation on Creativity: A Moderated Mediation Examination [J]. The Leadership Quarterly, 2016, 27 (1): 1-13.

[11] Brown M. E., Trevino L. K., Harrison D. A. Ethical Leadership: A Social Learning Perspective for Construct Development and Testing [J] . Organizational Behaviorand Human Decision Processes, 2005, 97 (2): 117-134.

[12] 王登峰，崔红. 中国基层党政领导干部的胜任特征与跨文化比较 [J]. 北京大学学报（哲学社会科学版），2006 (6): 138-146.

[13] Lee K. Ethical Leadershipand Followers' Taking Charge: Trustin, and Identificationwith, Leader as Mediators [J]. Social Behavior and Personality, 2016, 44 (11): 1793-1802.

[14] Lam L. W., Loi R., Chan K. W. et al. Voice More and Stay Longer: How Ethical Leaders Influence Employee Voice and Exit Intentions [J]. Business Ethics Quarterly, 2016, 26 (3): 277-300.

[15] Dhar R. L. Ethical Leadership and Its Impact on Service Innovative Behavior: The Role of LMX and Job Autonomy [J]. Tourism Management, 2016 (57): 139-148.

[16] Crant J. M. Proactive Behavior in Organizations [J]. Journal of Management, 2000, 26 (3): 435-462.

[17] Parker S. K., Williams H. M., Turner N. Modeling the Antecedents of Proactive Behavior at Work [J]. Journal of Applied Psychology, 2006, 91 (3): 636-652.

[18] Parker S. K., Collins C. G. Taking Stock: Integrating and Differentiating Multiple Proactive Behaviors [J]. Journal of Management, 2010, 36 (3): 633-662.

[19] 李锐，田晓明. 主管威权领导与下属前瞻行为：一个被中介的调节模型构建与检验 [J]. 心理学报，2014 (11): 1719-1733.

[20] 赵欣，赵西萍，周密等. 组织行为研究的新领域：积极行为研究述评及展望 [J]. 管理学报，2011 (11): 1719-1727.

[21] Schmitt A., Den Hartog D. N., Belschak F. D. Transformational Leadership and Proactive Work Behaviour: A Moderated Mediation Model Including Work Engagement and Job Strain [J]. Journal of Occupational and Organizational Psychology, 2016, 89 (3): 588-610.

[22] Blasi A. Moral Cognition and Moral Action: A Theoretical Perspective [J]. Developmental Review, 1983, 3 (2): 178-210.

[23] Hardy S. A. Identity, Reasoning, and Emotion: An Empirical Comparison of Three Sources of Moral Motivation [J]. Motivation and Emotion, 2006, 30 (3): 207-215.

[24] Zhu W., Trevino L. K., Zheng X. Ethical Leaders and Their Followers: The Transmission of Moral Identity and Moral Attentiveness [J]. Business Ethics Quarterly, 2016, 26 (1): 95-115.

[25] Shao R., Aquino K., Freeman D. Beyond Moral Reasoning: A Review of Moral Identity Research and Its Implications for Business Ethics [J]. Business Ethics Quarterly, 2008, 18 (4): 513-540.

[26] Aquino K., Reed A. The Self-Importance of Moral Identity [J]. Journal of Personality and Social Psychology,

2002, 83 (6): 1423-1440.

[27] 林志扬，肖前，周志强. 道德倾向与慈善捐赠行为关系实证研究——基于道德认同的调节作用 [J]. 外国经济与管理，2014 (6): 15-23.

[28] 许灏颖，杜晨朵，王震. 道德领导对员工越轨行为的影响：道德调节焦点和道德认同的作用 [J]. 中国人力资源开发，2014 (11): 38-45.

[29] Aquino K., Freeman D., Reed A. et al. Testing a Social-Cognitive Model of Moral Behavior: The Interactive Influence of Situations and Moral Identity Centrality [J]. Journal of Personality and Social Psychology, 2009, 97 (1): 123-141.

[30] Scandura T. A., Graen G. B. Moderating Effects of Initial Leader Member Exchange Status on: The Effects of a Leadership Intervention [J]. Journalof Applied Psychology, 1984, 69 (3): 428-436.

[31] 诸彦含，吴江，陈茜. 渗透与扩散：公共组织领导—成员交换关系垂滴效应研究 [J]. 中国行政管理，2016 (4): 110-115.

[32] 任孝鹏，王辉. 领导—部属交换 (LMX) 的回顾与展望 [J]. 心理科学进展，2005 (6): 86-95.

[33] Graen G. B., Uhlbien M. Relationship-Based Approach to Leadership-Development of Leader-Member Exchange (LMX) Theory of Leadership Over 25 Years: Applying a Multilevel Multi-domain Perspective [J]. Leadership Quarterly, 1995, 6 (2): 219-247.

[34] Martin R., Guillaume Y., Thomas G. et al. Leader-Member Exchange (LMX) and Performance: A Meta-Analytic Review [J]. Personnel Psychology, 2016, 69 (1): 67-121.

[35] 曾晓强. 国外道德认同研究进展 [J]. 心理研究，2011 (4): 20-25.

[36] Wang H., Law K. S., Hackett R. D. et al. Leader-Member Exchange as a Mediator of the Relationship Between Transformational Leadership and Followers Performance and Organizational Citizenship Behavior [J]. Academy of Management Journal, 2005, 48 (3): 420-432.

[37] Frese M., Fay D., Hilburger T. et al. The Concept of Personal Initiative: Operationalization, Reliability and Validity in Two German Samples [J]. Journal of Occupational and Organizational Psychology, 1997, 70 (2): 139-161.

[38] 温忠麟，叶宝娟. 中介效应分析：方法和模型发展 [J]. 心理科学进展，2014 (5): 731-745.

[39] Aiken L. S., West S. G. Multiple Regression: Testing and Interpreting Interactions [M]. Newbury Park, CA: Sage Press, 1991.

An Empirical Study on the Influence of Ethical Leadership in China's Public Sector on Civil Servants' Proactive Behavior

HU Jing　LI Chaoping

(School Public Administration and Policy, Renmin University, Beijing　100872)

Abstract: The proactive behavior of civil servants in our country has a significant effect on improving the efficiency, credibility and execution of government departments, but the proactive behavior of civil servants in our country is not very high. This study takes 594 police officers in our government department as the research object, and studies the influence of the ethical leadership of our government department on the proactive behavior of the subordinate and the mediating role of the subordinate ethical identity and the moderating effect of the relationship between leadership and member. Using SPSS 24.0 and R for statistical analysis, this study found that: ①The ethical leadership of our government departments can significantly affect the proactive behavior of subordinates; ②In our government departments, subordinate ethical identity partly mediate the relationship between ethical leadership and subordinate proactive behavior; ③Leader-Member exchange have significantly positive regulating role between the relationship of ethical leadership and subordinate proactive behavior. The conclusion of this study enriches the research results of the effect and mechanism of the ethical leadership in the background of the government department, and provides valuable enlightenment for the government to cultivate the ethical leadership and promote subordinates' proactive behavior.

Key Words: Ethical Leadership; Proactive Behavior; Moral Identity; Leader-Member Exchange

非正式地位与员工工作绩效：工作心理所有权的调节影响

邓传军　康　盼　刘智强

（1. 河南大学人力资源研究所，河南　475001；
2. 华中科技大学管理学院，武汉　430074）

［摘　要］ 本文通过将工作绩效区分为创新绩效和常规绩效，实证考察了非正式地位与这两种不同类型工作绩效之间的关系，以及工作心理所有权的调节影响。一项来自482份上下级配对样本数据的统计分析结果表明：非正式地位与创新绩效、常规绩效均呈正相关关系；工作心理所有权会减弱非正式地位与创新绩效之间的关系；而关于工作心理所有权会强化非正式地位与常规绩效之间关系的假设未能得到支持。最后，本文根据所得结论提出管理对策并指出未来研究方向。

［关键词］ 非正式地位；工作心理所有权；创新绩效；常规绩效

一、问题的提出

关于员工组织中地位及其影响的议题近年来越来越受到学术界的关注。个体在组织中的地位主要存在正式地位和非正式地位两种类型，其中正式地位是指员工获得组织正式制度赋予的职级等，而非正式地位是由其他成员感知的该成员在其心目中的卓越程度、尊敬或影响力等。自Lovelace 等（2001）将员工工作绩效划分为创新绩效（Innovativeness Job Performance）和常规绩效（Routine Job Performance）以来，越来越多的学者逐渐意识到将二者严格区别开来进行考察的必要性，比如邓传军等（2017）研究发现，正式地位与这两种不同类型工作绩效之间关系存在明显的差别，由此有效消除了以往研究存在的问题与分歧。创新绩效是指需要个体成员充分发挥创造性和自主性才能够顺利完成的工作内容，而常规绩效是指员工只要严格遵循组织既定的管理章程和生产流程等就可以顺利完成的工作内容。目前，学术界关于正式地位与创新绩效、常规绩效之间的关系已经获得较为一致的研究结论。

但是，以往研究关于非正式地位与员工工作绩效之间关系的探讨存在较大的分歧，由此表明二者之间关系的研究还不够充分，仍存在一些问题亟待解决。具体而言，以往研究关于非正式地位与员工工作绩效之间的关系主要存在正相关关系、U 形关系和倒 U 形关系三种不同的研究结论。由于至今仍缺乏对非正式地位与两种不同类型工作绩效之间关系的系统探讨，以及基于正式地位研究的成功经验，邓传军等（2017）学者明确指出未来研究应该进一步比较探讨非正式地位与这

［基金项目］国家自然科学基金项目（71772057、71672070）；河南省哲学社会科学规划项目（2017BSH04）。

［作者简介］邓传军，1976 年生，广西梧州人，汉族，华中科技大学管理学博士、河南大学人力资源研究所讲师，研究方向：人力资源管理与组织行为学，目前主持国家自然科学基金“地位竞争型断裂对团队创新绩效的影响机制研究”（71772057），电子邮箱：dchj@hust.edu.cn。

两种不同类型工作绩效之间的关系。另外，基于Lovelace等（2001）的观点也可以推测认为，以往研究未能将工作绩效有效地区分，创新绩效和常规绩效极可能是造成上述现象与结果的主要原因之一。那么，非正式地位到底与这两种不同类型工作绩效之间存在什么样的关系？

员工工作态度和工作表现极易受到其工作心理所有权的影响。工作心理所有权（Job-based Psychological Ownership）是指个体员工对于其所从事的岗位工作的一种个体所有感，这种占有感能够满足个体成员在空间、功效、决策以及自我识别等方面的需要。工作心理所有权会促使成员将其岗位工作范围视为个人的专属领地，由此会展现出更高的责任心和组织承诺，占据更多的物理环境，具有更强烈的关于工作开展的决策义务感；但是在强化成员的领地意识和领地行为的同时也会导致成员间互相封锁知识和创意，阻碍价值信息的正常流动，由此本文可以推断认为，工作心理所有权会对创新绩效和常规绩效产生不同的影响。因此，本文基于领地理论（Territoriality Theory），把工作心理所有权引入探讨将能更加深入地解释为什么在同等地位状况下有的员工工作绩效会明显高于/低于其他成员的问题。由于以往研究缺乏对这一问题的系统深入的考察，因而本文将工作心理所有权纳入研究框架将有助于深化非正式地位对员工工作绩效的影响机制。

基于以上原因，本文将考察非正式地位和两种不同工作绩效之间的关系，预计将至少存在两方面的主要贡献。一是在有效区分创新绩效和常规绩效的基础上研究探讨组织中非正式地位（以下简称“地位”）与不同类型工作绩效之间的关系，以期从中消除以往研究存在的问题与分歧；二是基于领地理论视角实证检验工作心理所有权（以下简称“心理所有权”）的调节作用，不仅有助于进一步探讨心理所有权对员工工作绩效的影响效应，而且也使组织清楚采取什么样的管理方法可以有效提高或避免降低员工的工作绩效。因此，本文不仅能够使人清楚非正式地位的影响后果，而且将为组织提高管理效能提供理论启示。

二、理论基础和假设提出

（一）地位与创新绩效、常规绩效

首先，依据地位特征的观点，员工地位越高越重视个人形象的树立与维护，由此促使成员在工作中积极展现出自身的实力。比如有研究发现，地位越高越追求理想的自我实现和自我超越，因而在工作中更敢于打破常规。地位越高越容易摆脱外部环境的影响与束缚，由此使得高端成员的主动性、创造力等都会明显高于低端成员。还有研究发现，地位越高风险偏好越明显，由此使得高端成员的冒险性以及探索的深度与广度等均要明显高于低端成员。因此，基于上述分析可以初步推论认为地位越高创新绩效越高。

其次，成员地位越高越处于组织或团队内部的社会网络中心，这种优势有利于成员的创新绩效和常规绩效。依据社会网络中心性理论观点，高端成员能够优先接收到组织指导员工工作开展的统一指令、标准化的工作流程和严格的管理制度等。依据该理论观点，成员地位越高越容易身居组织的权力中心，或者地位越高越有助于成员接近组织的权力中枢，使得高端成员能够更深刻地理解组织的管理目标与宗旨，由此促使他们的工作开展得更加聚焦、更易取得成效。另外，成员地位越高其网络中心性越强，依据信号理论的观点，地位越高越有助于该成员向其他成员传递积极的信号，比如良好的形象、高工作绩效、高胜任力等，从中为其工作开展赢得一个良好的外部环境和工作氛围，由此也促使高端成员工作表现明显优于低端成员。

最后，依据权力地位价值性理论的观点，成员地位越高越容易获得他人的支持与合作，由此有助于个体工作任务的顺利开展。比如，Thye（2000）就研究发现，成员地位越高越容易被其他成员选为搭档，强强联合有助于个体成员的创新工作任务与常规工作任务的顺利开展，由此促使高端成员的两种不同类型的工作绩效均要明显高于低端成员。另外，Agneessens 和 Wittek（2012）也认为，成员地位越高掌握的价值资源越多，由此使得地位越高的成员工作任务开展得越容易，原因在于无论是创新工作任务还是常规工作任务的顺利开展都离不开各项资源的有效支持。其中包括有形资源和无形资源，前者如完善的办公条件、良好的生产设备和充足的生产资料等，后者如安静的工作环境、良好的生产秩序等，地位带来的这些诸多优势最终将会导致成员地位越高其创新绩效和常规绩效越高。

基于以上分析，本文可以得出以下假设：

H1：地位越高创新绩效越高，地位越低创新绩效越低，即地位与创新绩效呈正相关关系。

H2：地位越高常规绩效越高，地位越低常规绩效越低，即地位与常规绩效呈正相关关系。

（二）心理所有权的调节作用

截至目前，学术界关于心理所有权会对员工工作绩效产生什么样的影响的观点还存在明显的分歧。心理所有权是由 Pierce 等（1991）最先提出的，并将其定义为个体员工对于目标工作岗位的拥有或依赖感。他们认为，心理所有权会对员工的工作态度、工作行为等产生积极的影响，比如心理所有权会提升成员的责任心、承担风险的意愿、自我牺牲等，由此会有助于员工工作绩效的提升，心理所有权会强化成员的组织承诺和满意度等。还有研究发现，心理所有权会促使成员更积极地开展角色外行为，比如主动行为、组织公民行为等。但是随着研究的不断深入，有学者发现赋予员工心理所有权并不一定能够提高其工作积极性及其自我管理意识。换而言之，心理所有权也存在一定程度的负面效应。比如有研究分析认为，心理所有权会提高成员拒绝与他人分享目标物所有权的可能性，还会促使成员拒绝经验分享、信息共享、知识共享，不愿意与人分享权利，不乐意授权他人，不利于团队合作等潜在的负面后果。另外，还有学者研究认为，心理所有权还存在其他方面的潜在风险，比如抵制组织变革，甚至会促使成员为了在竞争中胜出而采取非伦理、反生产方面的行为。由于心理所有权对员工工作绩效的影响效应至今仍缺乏系统深入的探讨，由此本文在有效区分创新绩效和常规绩效的前提下，进一步分析检验心理所有权对地位与员工工作绩效的影响效应。本文推测认为，心理所有权对这两种不同类型工作绩效的影响会存在明显差别。

一方面，对于员工创新绩效而言，心理所有权将会不利于成员创新工作任务的顺利开展，由此心理所有权将会减弱地位与员工创新绩效之间的关系。具体而言，心理所有权促使成员将其工作视为自己的专属领地而将相关的工作范围与职责视为“它是我的”而不是“它是你的”或者“它是我们大家的”，从而积极主张相关权利，比如采取相关的领地行为进一步明确工作的范围和边界，阻止他人进入该领域等，虽然这在一定程度上能够有效降低与他人发生过程冲突、关系冲突的可能性，但同时也会在极大程度上隔断成员之间关于观点、创意、信息等方面的交流与互动。由于个体成员创新工作的顺利开展在极大程度上取决于该成员能否与外部环境保持充足的创意来源、信息交流、观点碰撞、知识共享、社会互动与合作等，而这些方面在极大程度上促使成员能够从中获得更多的有助于创新工作任务顺利开展的好点子、好创意。而心理所有权会促使成员拒绝与他人分享工作的所有权，排他性的增强将会阻碍该成员与他人开展合作、互动、信息交流和经验分享等，最终将会致使员工的创造性失去“源头活水”，由此会减弱地位与员工创新绩效之间的关系。

另一方面，心理所有权将会有助于常规工作的顺利开展，由此心理所有权会强化地位与员工常规绩效之间的关系。心理所有权会强化成员对工作的控制感，有研究发现心理所有权越高感知到的对于工作的控制程度越强，这种高的所有感促使成员投入更多的精力与时间到相关的工作任务上。而常规工作开展顺利与否在较大程度上取决于个体成员的时间投入和责任心，以及工作边界、工作内容的清晰程度。因而通常情况下操作规程越具体、工作范围越明确越有助于员工提高常规绩效。另外，心理所有权不仅可以增强成员对于工作的责任心、注意力和时间投入，而且还将促使成员积极抢占良好的工作环境，比如占有工作场地、电脑设备和其他生产工具等，由此心理所有权将会有助于改善地位与员工常规绩效之间的关系。但是，尽管员工的责任心的改善、注意力的集中程度以及时间的投入增加在一定程度上有助于创新绩效，但由此带来的积极效应根本无法抵消心理所有权引起的领地封锁、信息封锁、创意封锁等对于创新绩效的负面效应，由此看来，心理所有权对地位与员工创新绩效之间关系的影响效应总体上将会是负面的。

基于以上分析，本文可以得出以下假设：

H3：心理所有权会减弱地位与创新绩效之间的关系。

H4：心理所有权会强化地位与常规绩效之间的关系。

三、数据收集和变量测量

（一）数据收集

本文数据收集来自湖北省和河南省近 30 家企业，相关行业主要涉及地产、机械制造、化工等。为了确保问卷数据的质量，在收集过程中严格把关、准确编号、匿名收集问卷，通过保密条款有效保障被调查样本的心理安全，从而提高问卷填答的质量。其中，上级领导填答领导问卷，下属员工填答员工问卷。本文共发放上下级配对问卷 750 套，最终回收有效问卷 482 套。其中男性样本 60.8%；平均年龄 29.92 岁（SD=4.48）；平均组织工龄 4.95 年（SD=3.67）；大专及以下学历 23.9%，本科学历 60.4%，研究生学历 15.8%。

（二）变量与测量

为了保证问卷填答的质量，所有测量方式均采用权威测量。对于英文权威量表，本文主要采用英汉—汉英翻译与回译等流程，分别由两个人力资源管理专业博士负责英译汉，再由两位留美国任教的本领域博士做汉英回译工作，在二者意思确保准确无误的情况下，再由教授专家组织讨论和完善，最终确定并发放问卷。其中，上级领导主要评价下属地位与工作绩效等，下属员工报告心理所有权和人口统计特征变量等。

1. 组织中地位

采用刘智强等（2015）开发的量表，共包括“该下属员工在这家公司很有影响力”和“我经常会向该成员征求意见建议”等五个题项，其中 1 代表“非常不符合”到 7 代表“非常符合”，Cronbach's α 值为 0.87。

2. 心理所有权

采用 Pierce 等（2002）开发的工作心理所有权量表，共包括“我在这个工作中感到较高的心理所有感”和“谁也无法取代我的工作”等三个题项，其中 1 代表“非常不符合”到 7 代表“非常符合”，Cronbach's α 值为 0.78。

3. 创新绩效

采用 Madjar 等（2002）的权威测量量表，共包括“该员工工作的创造性如何”等三个题项，其中 1 代表“几乎没有”到 7 代表“非常高”，Cronbach's α 值为 0.80。

4. 常规绩效

采用 Madjar 等（2011）的权威量表，共包括“该员工为其工作付出了多少努力”等两个题项，其中 1 代表“远低于平均水平”到 7 代表“远高于平均水平”，Cronbach's α 值为 0.80。

5. 控制变量

本文依据 Bernerth 和 Aguinis（2016）实证研究选择控制变量的建议和标准，以及借鉴以往相关研究给出了有效建议，本文有必要对成员的性别、受教育程度、组织任期和行业等变量进行严格控制，从中确保回归分析过程控制与结果的严谨性和科学性。

四、结果分析

（一）验证性因子分析

本文采用 AMOS 7.0 对地位、心理所有权、创新绩效、常规绩效进行验证性因子分析，并以 χ^2/df、RMSEA、GFI、IFI 和 CFI 的结果检验模型的拟合程度。其中，四因素模型（地位、心理所有权、创新绩效、常规绩效）的拟合情况最佳（$\chi^2/df=2.60$、RMSEA＝0.06、GFI＝0.96、IFI＝0.96 和 CFI＝0.96），各项指标显然优于三因素模型（地位、心理所有权、创新绩效+常规绩效）（$\chi^2/df=3.94$、RMSEA＝0.08、GFI＝0.92、IFI＝0.93 和 CFI＝0.93）、二因素模型（地位、心理所有权＋创新绩效＋常规绩效）（$\chi^2/df=6.94$、RMSEA＝0.11、GFI＝0.87、IFI＝0.85 和 CFI＝0.85）和单因素模型（地位＋心理所有权＋创新绩效＋常规绩效）（$\chi^2/df=12.88$、RMSEA＝0.16、GFI＝0.75、IFI＝0.69 和 CFI＝0.69）。以上结果表明，四因素模型拟合程度良好，具体情况如表 1 所示。

表 1　各变量的验证性因素分析结果

模型	χ^2	df	χ^2/df	RMSEA	GFI	IFI	CFI
1. 四因素模型（地位、心理所有权、创新绩效、常规绩效）	153.218	59	2.60	0.06	0.96	0.96	0.96
2. 三因素模型（地位、心理所有权、创新绩效+常规绩效）	244.488	62	3.94	0.08	0.92	0.93	0.93
3. 二因素模型（地位、心理所有权+创新绩效+常规绩效）	444.416	64	6.94	0.11	0.87	0.85	0.85
4. 单因素模型（地位+心理所有权+创新绩效+常规绩效）	837.407	65	12.88	0.16	0.75	0.69	0.69

（二）描述性统计和相关性分析

本文采用软件 SPSS 17.0 进行统计分析与层次回归。表 2 展现了各变量均值、标准差和相关系数。从中初步可知地位与创新绩效、常规绩效的相关系数分别为 0.48（$p<0.01$）和 0.50（$p<0.01$）。不过，由于并未对主要控制变量进行控制，因而地位与员工工作绩效之间的关系还有待进一步检验。

表 2　各变量均值、标准差及相关性分析结果（N=482）

	M	SD	1	2	3	4	5	6	7
1. 性别	1.39	0.49	1						
2. 受教育程度	2.90	1.24	−0.01	1					
3. 组织任期	4.95	3.67	−0.05	−0.05	1				
4. 收入	3.50	1.24	−0.19**	0.49**	0.25**	1			

续表

	M	SD	1	2	3	4	5	6	7
5. 心理所有权	4.65	0.88	-0.07	0.20**	0.02	0.16**	1		
6. 常规绩效	4.79	1.09	0.02	0.07*	0.08	0.10**	0.12**	1	
7. 创新绩效	4.50	1.07	-0.07	-0.13**	0.04	0.15**	0.09	0.62**	1
8. 地位	4.27	1.05	-0.01	-0.08*	0.08	-0.00	0.10*	0.50**	0.48**

注：* 表示 $p<0.05$，** 表示 $p<0.01$（双尾检验）。

（三）地位和个体工作绩效回归分析

主效应回归分析步骤主要包括两层，其中第一层放置控制变量，包括性别、受教育程度、组织任期和行业；第二层放置前因变量——地位。通过层次回归可以检验得出地位与个体工作绩效之间的关系。本文假设 1 和假设 2 分别假设地位会与创新绩效、常规绩效呈正相关关系。表 3 模型 M2a 和 M2b 的结果表明地位与创新绩效（0.54，$p<0.001$）、常规绩效（0.56，$p<0.001$）均存在正相关关系，由此说明地位越高员工创新绩效和常规绩效均会越高，地位越低员工创新绩效、常规绩效均会越低，因此假设 1 和假设 2 均得到了有效支持。

（四）心理所有权的调节影响分析

关于心理所有权的调节效应检验步骤是在主效应回归的下一层加入心理所有权、地位×心理所有权，回归结果分别对应为表 3 中的模型 M3a 和模型 M3b。其中模型 M3a 结果发现，心理所有权会减弱地位和创新绩效之间的关系（-0.08，$p<0.05$）。具体而言，当心理所有权越高、地位越高创新绩效降低的幅度越明显，当心理所有权越低、地位越高创新绩效降低的幅度越不明显。由此假设 3 得到了初步支持。进一步画出心理所有权的调节图如图 1 所示，当心理所有权高，高端成员的创新绩效降低的幅度要明显大于低端成员，而当心理所有权越低，高端员工创新绩效下降的幅度要明显小于低端成员。因而假设 3 得到了进一步支持。假设 4 认为心理所有权会强化地位与常规绩效之间的关系，但是模型 M3b 的结果发现，心理所有权会减弱地位和常规绩效之间的关系（-0.11，$p<0.01$）。具体而言，当心理所有权越高，地位越高员工常规绩效降低的幅度越明显，当心理所有权越低，地位越高员工常规绩效降低的幅度越不明显。由此假设 4 没能得到初步支持。其调节图如图 2 所示，高端成员的常规绩效降低的幅度要明显大于低端成员，而当心理所有权越低，高端员工常规绩效下降的幅度要明显小于低端成员，从而假设 4 并未能获得进一步支持。

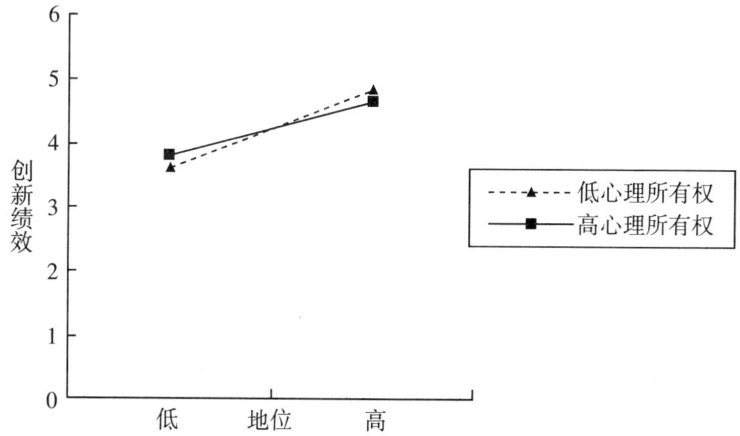

图 1 心理所有权对地位和员工创新绩效的调节效应

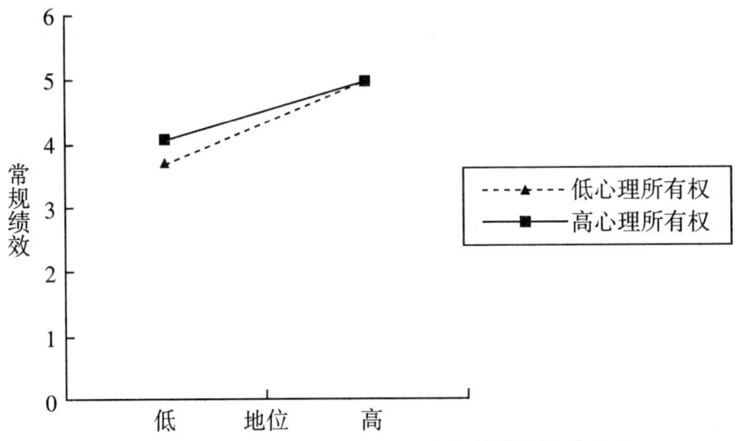

图 2　心理所有权对地位和员工常规绩效的调节效应

表 3　主效应分层回归结果

变量	创新绩效			常规绩效		
	M1a	M2a	M3a	M1b	M2b	M3b
	β	β	β	β	β	β
常数	3.96***	4.16***	4.20***	4.14***	4.34***	4.43***
性别	−0.11	−0.09	−0.10	0.09	0.11	0.11
受教育程度	0.13	0.03	0.02	0.07	−0.04	−0.06
组织任期	0.01	−0.01	−0.01	0.02	0.00	0.00
收入	0.08	0.12**	0.12**	0.06	0.11*	0.10*
地位		0.54***	0.53***		0.56***	0.55***
心理所有权			0.01			0.07
地位×心理所有权			−0.08*			−0.11**
R^2	0.03	0.26	0.27	0.02	0.26	0.28
ΔR^2	—	0.23	0.01	—	0.24	0.02
F	3.41**	33.42***	24.61***	2.13	33.68***	25.80***

注：* 表示 $p<0.05$，** 表示 $p<0.01$，*** 表示 $p<0.001$（双尾检验），N = 482。

五、结论、讨论和未来研究

本文通过实证检验，得出的研究结论支持了绝大部分的假设。具体而言，地位分别与创新绩效、常规绩效呈正相关关系；心理所有权会进一步减弱地位与创新绩效之间的关系。关于心理所有权会进一步强化地位与常规绩效之间的关系没有得到支持，本文认为主要存在两方面原因：一是在于中国是典型的关系型社会，员工对于人际关系和工作关系难以区分隔离，由于心理所有权会促使成员将其他成员排除在其具体岗位范围的工作关系之外，致使这些成员获得有关常规工作开展的指令可能会出现时延，相关生产、办公资源补给可能会被人为地拖延等现象，由此在一定程度上会抵消心理所有权带来的积极效应。二是由于心理所有权是一种主观感受，但是在实际工作中成员感知到的所有权与其客观实际占有的所有权会出现不一致的情况，由此也会在一定程度上抵消心理所有权对于常规绩效的积极影响。上述两方面原因极可能最终导致心理所有权能够强化地位与常规绩效之间关系的假设未能得到支持，这也是本文存在的不足之一。不过，本文在以下两方面存在重要的理论贡献：

首先，本文在有效区分创新绩效、常规绩效的基础上比较探讨了地位与工作绩效之间的关系，不仅使人清楚“地位到底与员工工作绩效之间存在什么样的关系”的议题，而且还有效消除了以往研究存在的分歧。研究结果表明，高端地位成员的创新绩效和常规绩效均要明显高于低端成员，由此表明地位越高绩效表现越好，换而言之，地位越高对组织的贡献越大，从而进一步支持了邓传军等（2017）学者的观点。本文正是响应他们的号召而系统考察地位与创新绩效、常规绩效之间的关系。本文所得出的结论还与刘智强等（2015）学者的观点相一致，与 Perrett 和 Negro（2006）、Cattani 和 Ferriani（2008）等的观点不一致，从而弄清了地位与员工工作绩效的具体关系。由此本文结论有效地丰富与拓展了组织中地位与员工工作绩效的理论内容，进一步补充了地位与员工工作绩效领域的研究文献。

其次，本文从领地理论视角，着重检验了心理所有权对地位与不同类型工作绩效之间关系的调节影响并获得新的发现。研究结论表明，心理所有权不利于成员的创新绩效，从中揭示“为什么在同等地位水平下有的成员创新绩效会明显低于其他成员”的原因所在。研究结论进一步表明，地位与创新绩效之间的正相关关系并非绝对不变，在心理所有权的影响下，二者之间的关系会被减弱。以往研究普遍重视探讨能够有效提高员工工作绩效的制度设计或组织情境，较少从员工自身的角度找出那些会严重约束成员工作绩效的边界条件。至今未曾有研究从领地理论视角探讨心理所有权对不同类型员工工作绩效的影响后果。另外，本文结论还进一步表明，以往研究关于心理所有权对员工工作绩效的影响结果的研究结论之所以会存在较大分歧，主要原因在于它们未曾严格区分创新绩效和常规绩效。由此使得以往研究关于心理所有权对员工工作绩效的影响效应会存在积极效应和消极效应两种截然不同的结论观点。本文结论有效消除了以往研究存在的分歧。此外，本文结论进一步支持了 Brown 等（2014）关于心理所有权会不利于员工创新绩效的观点，但是与 Van Dyne 和 Pierce（2004）关于心理所有权有助于员工工作绩效的观点不一致。由此本文结论不仅进一步深化了地位与员工工作绩效之间的关系，而且还进一步明确了员工心理所有权的作用机制，拓展了地位与员工工作绩效的研究范畴，补充和完善了心理所有权的理论内容。

本文的实践意义主要包括两方面：一是地位能够有效预测员工工作绩效，其中包括创新绩效和常规绩效，因此组织管理者应该重视该预测工具。虽然学术界普遍认同个体组织中地位与其能力、贡献等呈正相关关系，但在已有的组织管理实践中，地位这个预测工具往往被淡化甚至被彻底忽略。本文发现地位与两种工作绩效均呈正相关关系，由于创新绩效（与常规绩效相比而言）对组织的价值性相对较高，因而在工作任务的分配中尤其要重视发挥高端成员的工作才能与积极性，尽量给这些成员安排具有较高价值性、挑战性的工作任务，以便于提高组织的整体绩效。二是研究发现，心理所有权是一个重要的情境边界，该因素会致使地位越高员工工作绩效越高的规律并非不会发生变化。本文发现，心理所有权会明显减弱地位与创新绩效之间的正向关系，由此表明高心理所有权不利于员工创新绩效。原因在于心理所有权越高领地意识越强、信息封锁越严重，不利于成员保持信息畅通、知识和创意的交流，从而不利于员工创新工作的顺利开展。因此，当组织发现内部成员是高心理所有权的情况时，应该采取有效措施鼓励他们主动加强与外部的互动和交流，保持良好的人际关系和信源畅通，淡化成员的领地意识和领地行为，由此能够有效减轻或避免心理所有权对于员工创新绩效产生的负面影响，最终顺利达成组织的管理目标。

本文的主要不足之处在于数据收集为单一时段，没有考虑到地位与心理所有权的影响效应可能会存在一定的时滞，因而将来可以考虑采用两阶段数据进行检验，其中第一阶段测量地位和心理所有权，第二阶段收集员工工作绩效。关于未来研究方面，学者将来可以比较探讨其他情境或边界对地位与两种不同绩效之间关系的调节影响，比如领导权力距离、员工传统性、员工权力距离导向和领导成员交换等，本文预测认为，这些情境除了领导成员交换会进一步强化非正式地位与两种不同类型工作绩效之间的关系之外，其余情境将会减弱它们之间的关系。不过，这些预测仍有待将来做进一步的检验。未来研究可以扩大样本数量和范围，进一步实证考察心理所有权对地位与常规绩效之间关系的调节影响，从中进一步明确心理所有权对员工常规绩效的影响后果。另外，未来研究还可以进一步检验心理所有权对正式地位与两种不同类型工作绩效之间关系的调节效应及其差别，并将研究结论与本文作对比，由此也有助于进一步深化心理所有权与员工工作绩效的理论内容。

〔参考文献〕

[1] Anderson C., Kennedy J. A., Anderson C. Micropolitics: A New Model of Status Hierarchies in Teams [J]. Research on Managing Groups and Teams, 2012, 15 (1): 49-80.

[2] 邓传军，刘智强，邱洪华. 领导成员交换调节作用下中端正式地位和员工工作绩效关系研究 [J]. 管理学报，2017，14 (10)：1456-1464.

[3] 刘智强，李超，廖建桥等. 组织中地位、地位赋予方式与员工创造性产出——来自国有企事业单位的实证研究 [J]. 管理世界，2015 (3)：86-101.

[4] Lovelace K., Shapiro D. L., Weingart L. R. Maximizing Cross-Functional New Product Teams' Innovativeness and Constraint Adherence: A Conflict Communications Perspective [J]. Academy of Management Journal, 2001, 44 (4): 779-793.

[5] 邓传军，刘智强，王凤娟. 非正式地位、错误管理文化与员工创新行为选择 [J]. 管理评论，2017，29 (4)：154-162.

[6] Perrett F., Negro G. Filling the Empty Seat: How Status and Organizational Hierarchies Affect Exploration versus Exploitation in Team Design [J]. Academy of Management Journal, 2006, 49 (4): 759-777.

[7] Cattani G., Ferriani S. A. Core/Periphery Perspective on Individual Creative Performance: Social Networks and Cinematic Achievements in the Hollywood Film Industry [J]. Organization Science, 2008, 19 (6): 824-844.

[8] Pierce J. L., O'driscoll M. P., Coghlan A. M. Work Environment Structure and Psychological Ownership: The Mediating Effects of Control [J]. The Journal of Social Psychology, 2004, 144 (5): 507-534.

[9] Brown G., Crossley C., Robinson S. L. Psychological Ownership, Territorial Behavior, and Being Perceived as a Team Contributor: The Critical Role of Trust in the Work Environment [J]. Personnel Psychology, 2014, 67 (2): 463-485.

[10] Berger J. M., Robert H. F., Norman M. Z. Status Characteristics and Social Interaction: An Expectations States Approach [M]. New York: Elsevier, 1977.

[11] Groysberg B., Polzer J. T., Elfenbein H. A. Too Many Cooks Spoil the Broth: How High-Status Individuals Decrease Group Effectiveness [J]. Organization Science, 2011, 22 (3): 722-737.

[12] Galinsky A. D., Magee J. C., Gruenfeld D. H. et al. Power Reduces the Press of the Situation: Implications for Creativity, Conformity, and Dissonance [J]. Journal of Personality and Social Psychology, 2008, 95 (6): 1450-1466.

[13] Bunderson J. S., Reagans R. E. Power, Status, and Learning in Organizations [J]. Organization Science, 2011, 22 (5): 1182-1194.

[14] Sahib P. R. Status, Peer Influence, and Racio-Ethnic Diversity in Times of Institutional Change: An Examination from European Labour Law [J]. Journal of Business Ethics, 2015, 126 (2): 205-218.

[15] Ibarra H. Network Centrality, Power, and Innovation Involvement: Determinants of Technical and Administrative Roles [J]. Academy of Management Journal, 1993, 36 (3): 471-501.

[16] Spataro S. E. Not all Differences are the Same: The Role of Informal Status in Predicting Reactions to Demographic Diversity in Organization [J]. Journal of Business Diversity, 2012, 12 (3): 67-80.

[17] Thye S. R. A Status Value Theory of Power in Exchange Relations [J]. American Sociological Review, 2000, 65 (3): 407-432.

[18] George G., Dahlander L., Graffin S. D. & Sim S. Reputation and Status: Expanding the Role of Social Evaluations in Management Research [J]. Academy of Management Journal, 2016, 59 (1): 1-13.

[19] Agneessens F., Wittek R. Where do Intra-Organizational Advice Relations Come From? The Role of Informal Status and Social Capital in Social Exchange [J]. Social Networks, 2012, 34 (3): 333-345.

[20] Zhang Z., Spicer A. "Leader, You First": The Everyday Production of Hierarchical Space in a Chinese Bureaucracy [J]. Human Relations, 2014, 67 (6): 739-762.

[21] Pierce J. L., Rubenfeld S. A., Morgan S. Employee Ownership: A Conceptual Model of Process and Effects [J]. Academy of Management Review, 1991, 16 (1): 121-144.

[22] Pierce J. L., Kostova T., Dirks K. T. Toward a Theory of Psychological Ownership in Organizations [J]. Academy of Management Review, 2001, 26 (2): 298-310.

[23] Brown G., Lawrence T. B., Robinson S. L. Territoriality in Organizations [J]. Academy of Management Review, 2005, 30 (3): 577-594.

[24] 吕福新，顾姗姗. 心理所有权与组织公民行为的相关性分析——基于本土企业的视角和浙江企业的实证 [J]. 管理世界，2007 (5): 94-103.

[25] Ivancic C., Rosen C. M. Voting and Participation in Employee Ownership Firms: National Center for Employee Ownership [M]. Cambridge, MA: Ballinger, 1986.

[26] Robinson S. L., Bennett R. J. A Typology of Deviant Workplace Behaviors: A Multidimensional Scaling Study [J]. Academy of Management Journal, 1995, 38 (2): 555-572.

[27] Menon T., Thompson L., Choi H. S. Tainted Knowledge vs. Tempting Knowledge: People Avoid Knowledge from Internal Rivals and Seek Knowledge from External Rivals [J]. Management Science, 2006, 52 (8): 1129-1144.

[28] Ridgeway C. L. Why Status Matters for Inequality [J]. American Sociological Review, 2014, 79 (1): 1-16.

[29] Madjar N., Greenberg E., Chen Z. Factors for Radical Creativity, Incremental Creativity, and Routine, Noncreative Performance [J]. Journal of Applied Psychology, 2011, 96 (4): 730-743.

[30] Madjar N., Oldham G. R., Pratt M. G. There's No Place Like Home? The Contributions of Work and Nonwork Creativity Support to Employees' Creative Performance [J]. Academy of Management Journal, 2002, 45 (4): 757-767.

[31] Bernerth J. B., Aguinis H. A Critical Review and Best-Practice Recommendations for Control Variable Usage [J]. Personnel Psychology, 2016, 69 (1): 229-283.

[32] 储小平，倪婧. 组织内领地性研究前沿探析 [J]. 外国经济与管理，2009, 31 (3): 1-8.

[33] Van Dyne L., Pierce J. L. Psychological Ownership and Feelings of Possession: Three Field Studies Predicting Employee Attitudes and Organizational Citizenship Behavior [J]. Journal of Organizational Behavior, 2004, 25 (4): 439-459.

Job-based Psychological Ownership Moderated Effect on the Relationship between Informal Status and Employee Job Performance

DENG Chuanjun[1] KANG Pan[2] LIU Zhiqiang[2]

(1. Henan University, Kaifeng, Henan 475001;

2. Huazhong University of Science and Technology, Wuhan 430074)

Abstract: Based on distinguishing the employee innovative job performance form routine job performance, this research empirical tested how informal status affects employee job performance and the moderated effect of job-based psychological ownership. A data analysis of 482 dyadic sample shows that: There is a positive relationship between informal status and employee job performance (innovative and routine job performance) . And job-based psychological ownership can attenuate the positive relationship between informal status and innovative job performance. However, the results has not supported the hypothesis about that job-based psychological ownership could strengthen the positive relationship between informal status and routine job performance. At last, the policy suggestions were made based on the conclusions, and the future directions were also provided.

Key Words: Informal Status; Job-based Psychological Ownership; Innovative Job Performance; Routine Job Performance

图书在版编目（CIP）数据

人力资源管理评论. 2017 年第 2 辑 / 赵曙明主编. —北京：经济管理出版社，2018.7
ISBN 978-7-5096-5949-6

Ⅰ. ①人…　Ⅱ. ①赵…　Ⅲ. ①人力资源管理—研究　Ⅳ. ①F243

中国版本图书馆 CIP 数据核字（2018）第 192466 号

组稿编辑：申桂萍
责任编辑：高　娅
责任印制：黄章平
责任校对：张晓燕

出版发行：经济管理出版社
　　　　　（北京市海淀区北蜂窝 8 号中雅大厦 A 座 11 层　100038）
网　　址：www. E-mp. com. cn
电　　话：（010）51915602
印　　刷：三河市延风印装有限公司
经　　销：新华书店
开　　本：880mm×1230mm/16
印　　张：3.5
字　　数：99 千字
版　　次：2018 年 9 月第 1 版　2018 年 9 月第 1 次印刷
书　　号：ISBN 978-7-5096-5949-6
定　　价：20.00 元

凡购本社图书，如有印装错误，由本社读者服务部负责调换。
联系地址：北京阜外月坛北小街 2 号
电话：（010）68022974　　邮编：100836